Adoptierte Indianer kennen keinen Schmerz, oder doch?

Sandy Graf

Für den kindlichen Wildfang in uns, ob mit oder ohne Federschmuck!

Sandy Graf

Adoptierte Indianer kennen keinen Schmerz, oder doch?

Autobiografie über Verlassenwerden, Adoption und Wurzelsuche

Handbuch zur Selbsthilfe

DeBehr

Herausgeber: Verlag DeBehr, Radeberg
Erstauflage: August 2022
ISBN: 9783957539748

Für Links auf Webseiten Dritter bzw. deren Inhalt wird keine Haftung übernommen, es wird lediglich auf den Stand zum Zeitpunkt der Veröffentlichung verwiesen.

Dieses Buch ist auch als E-Book erhältlich.

„Du hast deine Kindheit vergessen,
aus den Tiefen deiner Seele
wirbt sie um dich.
Sie wird dich so lange leiden machen,
bis du sie erhörst.“

HERMANN HESSE

Inhaltsverzeichnis

VORWORT

Erinnerungstechnisch beginnt meine Kindheit mit der Jugendweihe. An diesen wunderbar apricot-farbenen Hosenanzug und die weiße Bluse, dessen Kragen der Ohrenspannweite von Dumbo durchaus hätte Konkurrenz machen können, erinnere ich mich gut. Für das Jahr 1992 aber bestimmt DER „holy shit". Alles davor ist eher eine Black-Box, versunken in einer Art Nebel, welcher auch gut und gerne einem Edgar Wallace-Film entstammen könnte. Der Hosenanzug ist mir in Erinnerung geblieben, da es am Tag der Jugendweihe-Feier wie aus Eimern geschüttet hatte. Für einen Mai-Tag außerdem sehr kühl, sodass dieses Outfit mit einer wohlgemerkt kurzen Hose rückwirkend betrachtet die falsche Kleiderauswahl meinerseits gewesen ist.

Die nächste wirkliche Erinnerung, deren ich mir bewusst bin, ist die Rückfahrt von der Klassenfahrt, die uns unter anderem nach Paris geführt hatte. Ob dies in der 9., 10. oder 11. Klasse gewesen ist, keine Ahnung, doch ich erinnere mich an die Bus-Tour im Delirium, da ich mir im Spaßbad des Centerparks eine fette Angina eingefangen hatte. So habe ich mich auf der Heimfahrt mehr tot als lebendig gefühlt, nur Prince Ital Joe feat. Marky Mark mit ihrem Song „United“ ließen meine Lebensgeister ab und an aufblitzen. Angina, Mandel- und Mittelohrentzündungen, das sind häufige Besucher in meiner Kindheit gewesen, die mein Immunsystem herausgefordert haben. Irgendwie muss ich das Ganze dann ja dennoch immer jeweils überlebt haben, sonst würde ich jetzt nicht diese Zeilen schreiben können.

Nur was bedeutet diese kindliche Amnesie über das 3. Lebensjahr hinaus? Ein Hinweis darauf, lieber rechtzeitig mit Demenz-Tests und vorbeugenden Gedächtnis-Trainings zu beginnen, damit es im höheren Alter nicht genauso läuft? Oder ist es ein Schutzmechanismus aus Kindertagen, eine Verdrängung, Abspaltung von der erlebten kindlichen Realität? Oder kann ich mich nur an etwas erinnern, wenn das Erlebte mit einem stark ausgeprägten Gefühl verbunden ist?

Manche Menschen pilgern den Jakobsweg, um Erleuchtung zu finden. Andere gehen ins Kloster, auf Selbstfindungstrips, um Antworten zu bekommen, auf Fragen, die sie sich ein Leben lang gestellt haben, insbesondere auf die Fragen, die sie sich nie getraut haben zu stellen.

Ich für meinen Teil muss zum Anfang zurück. Zurück zu meinen Wurzeln und zu den vielen kleinen Schachteln im Apothekerschrank meines Herzens, die ich so gut verstaut habe, damit sie Ruhe geben.
Ich muss, nein, stopp! Ich muss gar nichts müssen! Vielmehr möchte ich die Gedanken in meinem Kopf in sinnbildliche Druckerschwärze wandeln. Ich möchte die Gedanken zu Buchstaben, Silben, Worten werden lassen und zu Papier bringen, damit das Kopf-Kino verschwindet. Oder zumindest nur noch zu den Zeiten eine Vorstellung läuft, zu denen ich es möchte. Doch wie ordne ich das Gedanken-Chaos und bringe es in eine verständliche Form? Für mich, gegebenenfalls auch als Hilfestellung für andere?

Letztens bin ich über einen „tollen“ Postkarten-Spruch gestolpert: „Du bist das großartigste Projekt, an dem du arbeiten darfst. Nimm dir Zeit. Lass es magisch werden.“ Yee-haw! Da fällt der Indianer glatt von seinem Pferd. Reichen nicht die Projekte im Arbeitsleben? Sicher, ein Bauprojekt im privaten Bereich mag es geben, sei es das Eigenheim oder, wenn man erst mal etwas kleiner beginnen möchte, der trendy Hühnerstall für die Selbstversorgung mit dem Frühstücksei. Doch das Leben eines Menschen mit einem Projekt vergleichen? Etwas befremdlich anmutend, aber sei's drum, schauen wir uns doch einmal die einzelnen Phasen eines Projektablaufs etwas genauer an:

1. Kick-off und Design-Phase
2. Meilensteine und Projektabschluss (inklusive Sektumtrunk, neuerdings als Online-Stößchen, da ja fast jeder im Home-Office sitzt … immer noch oder wieder)
3. Nachbesprechung mit den berühmt berüchtigten Lessons Learned, sprich, was haben wir dieses Mal alles falsch gemacht und wie können wir es das nächste Mal besser machen.

Nun übertragen wir das Ganze auf, ähm, mich! Das großartigste Projekt ever und von allen, die noch kommen werden.

Ich - das großartigste Projekt ever

Kick-off und Design-Phase

Was ist der Kick-off, der Startschuss und somit Anpfiff zum Spiel des Lebens? Das Aufeinandertreffen von Ei- und Samenzelle, die sich nach drei Gin-Tonic dazu entschließen, ineinander zu verschmelzen, da auf Netflix gerade nichts Spannendes läuft? Gut, bei meinen leiblichen Eltern wird es 1978 in der ehemaligen DDR eher Bier, Goldkrone oder Pfeffi gewesen sein, vermute ich, und die Aussicht, durch körperliche Aktivität dem Wintermonat Februar etwas Wärme abzugewinnen. Aber vielleicht ist auch alles ganz anders abgelaufen. Nur eines ist ziemlich sicher – ein von beiden Seiten erhofftes Wunschkind bin ich nicht, eher ein „Unfall“, was mich unweigerlich zu der Frage führt: Was ist der Zweck meiner Existenz? Worin besteht der Sinn meines Lebens, wenn ich an sich nicht gewollt gewesen bin? Diese Fragen erzeugen „[…] den Wunsch, nach der Antwort zu suchen.“, heißt es so treffend im Buch *Das Café am Rande der Welt* (Strelecky, 2007, S. 37). Ich werde später darauf zurückkommen.

Zunächst muss das Projekt Nachwuchs, also ich, Sandy 1.0, ja erst einmal auf den Weg gebracht werden. Ziel und Zeitplan müssen genauer beleuchtet und alle Team-Mitglieder motiviert werden für die Aussicht auf einen erfolgreichen Abschluss. Nun hat es hier, rückblickend betrachtet, scheinbar unterschiedliche Auffassungen meiner leiblichen Eltern zum Projektablauf beziehungsweise dessen Umsetzung in die Praxis gegeben. Das klassische Mutter-Vater-Kind-Modell, eingebettet in eine Ehe, im besten Falle glücklich, ist nicht zur Anwendung gekommen. Die Gründe hierfür sind sicherlich individuell beziehungsweise vielfältig und für mich aufgrund unzureichender Informationen auch schwer bis gar nicht nachvollziehbar. Ich möchte ihnen dennoch wertfrei begegnen, ohne Groll oder erhobenem Zeigefinger. Aber sagen wir mal so, für die Lessons Learned, sprich den gewonnenen Erkenntnissen aus dem Ganzen, gibt es ausreichend Gesprächsstoff. Bevor ich nun aber voreilig ans Ende des Projekt-Zykluses springe, zurück zu Struktur und Planung und damit zur Design-Phase.

Das meiste übernimmt in dieser 9-monatigen Phase Mutter Natur von sich aus und benötigt hierfür im Grunde genommen auch gar keine überteuerten externen Berater. Nichtsdestotrotz liegt die körperliche sowie emotionale Hauptprojekt-Last in dieser Zeit auf der werdenden, biologischen Mutter. Was ist jedoch, wenn sich diese mit den Umständen, in denen sie sich befindet, unwohl fühlt? Wenn die Schwangerschaft und somit das Kind nicht gewollt sind? Welchen Einfluss haben negative Gefühle und Gedanken in dieser vorgeburtlichen Phase auf den sich im Mutterleib entwickelnden Embryo? Hat es mir geschadet, dass sich meine leibliche Mutter gegebenenfalls nicht liebevoll über ihren Bauch gestreichelt, die ersten spürbaren Bewegungen von mir in ihrem Körper nicht mit Begeisterung erlebt hat? Hat es mich nachteilig beeinflusst, vielleicht keine wärmenden Worte vernommen zu haben, als ich meine Taucherfahrung in ihrem Fruchtwasser-Ozean gesammelt habe? Ist die Verbindung zwischen uns durch die Nabelschnur tatsächlich eine rein existenzielle gewesen, die mir schlichtweg nur das Überleben gesichert hat? Es muss mehr zwischen ihr und mir geflossen sein, als nur Nahrung, Vitamine und Sauerstoff. Wenn ich an sie denke, fühle ich Wärme, eine Verbundenheit in und mit jeder Zelle. Und im Zellkern versteckt sich kein bösartiger Dämon namens Ablehnung, im Gegenteil. Liebe ist in meine DNA-Fäden eingewebt. Doch wessen Liebe ist es?

Das mit dem Hörensagen ist so eine Sache. Als Quelle für verlässliche Informationen über eine Person oder Situation sicher nur bedingt geeignet. Was ist aber, wenn genau das die einzig mögliche Quelle ist? Es gibt nicht viele Menschen, die mir etwas zu und über meine leibliche Mutter berichten können. Am Ende ist es nur eine Handvoll, die ich habe ausfindig machen können. Die Gespräche mit ihnen haben mir dennoch geholfen, dem Blick auf meine leibliche Mutter mehr Klarheit zu geben, ihn mit Leben zu füllen, wenngleich jeder seine subjektive Färbung hat - als Schwester, Schulfreundin oder Lebensgefährtin. So kann ich mir meine leibliche Mutter - den Erzählungen nach - einerseits als Kumpeltyp vorstellen, mit der man, wenn sie gut drauf war, Pferde stehlen konnte, die hilfsbereit und gut in der Schule gewesen ist. Auf der anderen Seite ist da das Bild einer traurigen, verschlossenen Person, mit launischen und gefühlskalten Zügen, die es irgendwann nicht mehr geschafft hat, dem falschen Freund Alkohol die Tür vor der Nase zuzuhauen. Wie stark die Abhängigkeit bereits in der Phase der Schwangerschaft mit mir gewesen ist, darüber kann ich nur mutmaßen. Ich möchte jedoch behaupten, dass es keine offensichtlichen bleibenden Schäden verursacht hat und aus mir dennoch eine durchschnittlich helle Kerze auf der Torte geworden ist. Um überdurchschnittlich zu schreiben, fehlt mir das Selbstbewusstsein, daran arbeite ich noch. Gern hätte ich aus den Berichten Dritter erfahren, dass sich meine leiblichen Eltern auf mich gefreut und voller Vorfreude darüber spekuliert haben, ob ich ein Mädchen oder Junge werde. Doch es macht eher den Anschein, dass es zwischen ihnen keine wirkliche Liebesbeziehung gewesen ist, damit auch ohne die Absicht einer Familiengründung. Man hat sich aus der Schule gekannt, hat sich vielleicht ganz gut verstanden, zumindest phasenweise.

Schlussendlich ist er für sie vielleicht nur der Alibi-Freund gewesen, um mit den Schulfreundinnen mitzuziehen, nicht aufzufallen in einer DDR-Kleinstadt, die Ende der Siebziger Jahre sicher noch nicht bereit gewesen ist für offen gelebte gleichgeschlechtliche Liebe. Denn das ist für meine Mutter allem Anschein nach das präferierte Lebensmodell gewesen. Für mich verschließt sich jedoch die Antwort auf die Frage, warum sie nicht aufgepasst haben, damit ihr körperlicher „Akt“ keine Folgen hat. Wenngleich Kondome zu dieser Zeit gegebenenfalls Mangelware und alles andere als gefühlsecht gewesen sind, es hat mit Ovosiston auch in der DDR ein Mittel zur Empfängnisverhütung gegeben, ab Anfang der Siebziger Jahre sogar kostenlos. Einfach ein

Glas Goldbrand zu viel und damit alle Vorsicht über Bord geworfen im entscheidenden Moment? Oder ist es der unbewusste Wunsch meiner Mutter gewesen nach einer eigenen kleinen Familie, zumindest der Vorstellung davon, dann alles besser machen zu können, was vielleicht im eigenen Elternhaus schiefgelaufen ist? Ist dies naiv, unverantwortlich? Wahrscheinlich beides. Aber steht mir überhaupt zu, darüber zu urteilen, es zu verurteilen? Mir ist dadurch das Leben geschenkt worden. Eine Art Lebensengel muss schützend und wohlwollend anwesend gewesen sein, hat den Zeiger der Schicksalsuhr von Nicht-Leben auf Leben gestellt, der 50:50-Joker zu meinen Gunsten gewirkt. Ich kann nicht wissen, wie die Gefühlslage meiner leiblichen Mutter in jener Zeit tatsächlich gewesen ist, was sie für mich empfunden hat, als ihr klar geworden ist, dass ich mich in ihrem Körper eingenistet habe, um dort für zumindest neun Monate zu bleiben. Hat sie eventuell darüber nachgedacht, mich gleich zu Anfang wieder aus der Einliegerwohnung in ihrem Unterleib zu werfen? Habe ich von diesen Gedanken, von der Verunsicherung etwas mitbekommen, gespürt, in meiner kleinen heilen Gebärmutter-Welt? Warum hat sie es schlussendlich nicht getan und sich gegen eine Abtreibung entschieden? Kommen daher meine Empfindungen von

Wärme und Liebe, weil uns dennoch „etwas" verbunden hat, und damit meine ich nicht die 50 Zentimeter an Nabelschnur?

„Bei meiner Geburt wurde ich zur sichtbaren Ecke einer zusammengefalteten Landkarte. Auf der Landkarte ist mehr als eine Route verzeichnet. Mehr als ein Ziel. Die Landkarte, das Entfalten des Ich, führt nicht direkt an ein Ziel. Der Pfeil mit den Worten SIE BEFINDEN SICH HIER ist die erste Koordinate. Wenn man Kind ist, gibt es allerhand Unabänderliches. Doch zumindest kann man schon mal für die Reise packen…"
Winterson (2017),Warum glücklich statt einfach nur normal?', S. 35

Mit 3250 g und 50 cm bin ich über die Startlinie, und habe mich dabei für den Weg über den Geburtskanal entschieden. Endet nun mit dem Durchtrennen der Nabelschnur bereits die Design-Phase, bei der sich alles um das WIE dreht und somit das Fundament gesetzt wird? Oder geht es jetzt eigentlich erst richtig los? Für die vorgeburtliche Entwicklung und Prägung sind die Würfel gefallen, so viel ist klar. Die zurückliegenden neun Monate münden nun körperlich in eine, in meinem Falle, vom Geschlecht her weiblichen Hülle aus Fleisch und Blut, deren Inhalt jedoch kein unbeschriebenes Blatt ist, sondern bereits erste feine Spuren trägt. Denn alle körperlichen sowie emotionalen Hochs und Tiefs meiner leiblichen Mutter in dieser Zeit sind ein Stück weit auch zu meinen geworden. In Hinblick auf das Bindungsverhalten beziehungsweise den Aufbau von Nähe zu meiner wichtigsten Bezugsperson, nun auch außerhalb der Gebärmutter, stehe ich quasi in den Startlöchern. Also noch mittendrin in der Design-Phase, statt nur dabei!

„Bindung ist das gefühlstragende Band, das eine Person zu einer anderen spezifischen Person anknüpft und durch Raum und Zeit miteinander verbindet."
John Bowlby, Psychoanalytiker und Bindungsforscher

Wie stark ist das Band zwischen meiner leiblichen Mutter und mir gewesen? Hat sie nach der Geburt, zumindest für einen Augenblick, ein paar Minuten oder Stunden, mich in ihrem Herzen und Leben willkommen geheißen? Ist sie zumindest in dieser Zeit im Überschwall von Glückshormonen, begünstigt durch die natürliche Geburt, mir nah gewesen? Auf Fotos sehe ich sie und mich, sie hält mich, füttert mich mit der Flasche (ich bin 4 Wochen alt), ihr Kopf und Blick sind mir zugedreht. Sie schaut mich an, ich schaue sie an.

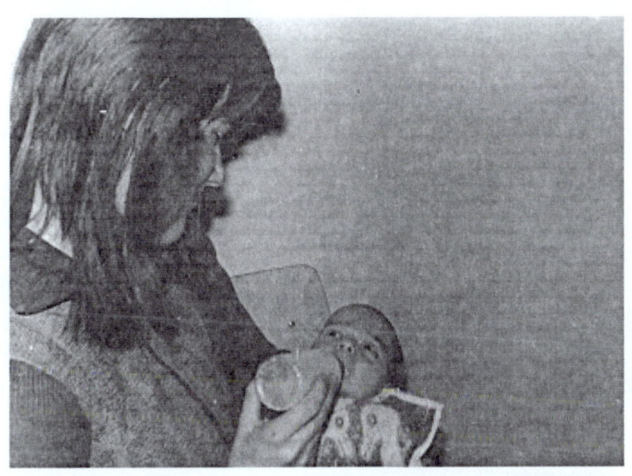

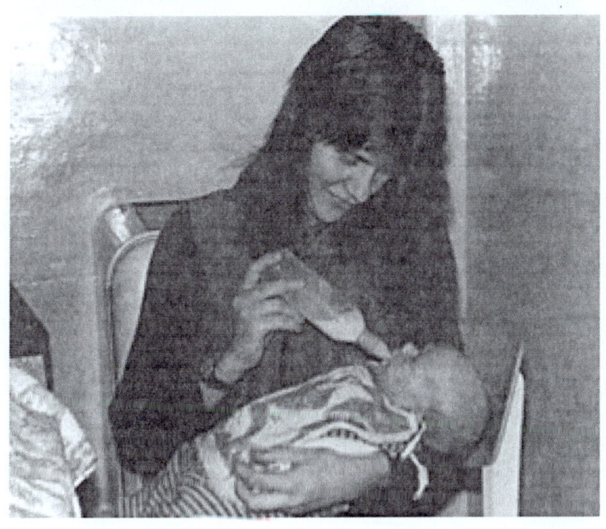

Es gibt jedoch auch Fotos, die mich in ihrem Armen liegend zeigen, auf denen ich meine Hände zu kleinen Fäustchen balle. Ich wirke angespannt, verkrampft, meine Körperhaltung deutet eher auf Abwehr von als auf Zuwendung zu meiner Mutter hin. Eine zufällige Momentaufnahme ohne tiefere Bedeutung?

In meinen ersten zehn Lebensmonaten bin ich zu Hause betreut worden, von meiner leiblichen Mutter und Großmutter. Wir haben zu dritt in einer Wohnung gelebt, eine Mädels-WG sozusagen. Das Arbeitsverhältnis meiner Mutter hat zu dieser Zeit geruht, meine Großmutter ist berufstätig gewesen, im Schichtbetrieb. Wenn ich also im Prinzip das Glück gehabt habe, nicht bereits nach kurzer Zeit einer Tagesbetreuung durch Fremde ausgesetzt gewesen zu sein, sondern zumindest die ständige räumliche Nähe zu Mutter und Großmutter gegeben ist, stehen die Chancen auf Bindung doch ganz gut, oder? Doch was ist mit der emotionalen Nähe? War insbesondere meine Mutter zu dieser fähig, ist sie willens und in der Lage gewesen, mich vollumfänglich zu umsorgen? Aus zwei unterschiedlichen Quellen weiß ich, dass es in dieser Zeit Besuche des Jugendamtes gegeben hat im Zusammenhang mit dem Thema Vernachlässigung. Sehe ich also auf den Schwarz-Weiß-Fotos in meiner Körperhaltung bereits die nackte und zugleich traurige Realität? Meine Anspannung als Ausdruck, dass etwas nicht stimmt in unserem Mutter-Kind-Verhältnis? Das Ur-Vertrauen zu entwickeln, dass für mich gesorgt wird, dass ich geliebt werde und ich in Sicherheit bin – hat meine Mutter hierzu die notwendigen Rahmenbedingungen schaffen können? Oder ist unserer Bindung und Beziehung von Anfang an kein wohlwollendes Sternenbild beschienen? Wie liebevoll ist sie zu mir gewesen, wie nah körperlich und emotional gesehen? Und was ist, wenn die Antwort auf diese Fragen jeweils lautet: Hätte besser sein können, da war durchaus Luft nach oben! Tja, hätte, hätte, Fahrradkette.

Meilensteine und Projektabschluss

DDR-Wochenkrippe und Adoption

Der sogenannte ‚Entwicklungsbogen' enthält Angaben über die Entwicklung und Erziehung des Kindes innerhalb der Wochenkrippen-Einrichtung, eine in der ehemaligen DDR seit 1951 etablierte Form der Kleinkinder-Betreuung. Ich habe solch eine Einrichtung von September 1979 bis August 1981 besucht. Dort bin ich ab meinem 11. Lebensmonat von Montag bis Freitag durchgängig Tag UND Nacht betreut, versorgt, gefüttert worden. Im Entwicklungsbogen sind neben Länge und Gewicht auch Eintragungen zu den Kategorien

– Bewegungsfähigkeiten
– Hygienische Gewohnheiten und Selbstbedienung
– Spieltätigkeit
– Kenntnisse der Umwelt und Sprachentwicklung
– Soziales Verhalten
– Musische Fähigkeiten und Fertigkeiten
–Zusammenarbeit mit dem Elternhaus / Probleme

dokumentiert worden. Hierfür gibt es die folgenden Hinweise:

1. Jedes Kind wird jeweils am Ende des entsprechenden Lebensvierteljahres überprüft. Die Überprüfung soll nicht früher bzw. später als eine Woche vor oder nach dem Quartalsgeburtstag erfolgen.
2. Die Ergebnisse der Gewichts- und Längenmessung am Ende des Lebensquartals werden in den Spalten „Länge“ bzw. „Gewicht“ zwischen den Zahlen eingetragen, mit denen sie am meisten übereinstimmen. In die Spalte „Datum“ wird das Datum der Überprüfung eingetragen.
3. Die Ergebnisse der Überprüfung des Entwicklungsstandes des Kindes werden folgendermaßen festgehalten:
   a) Bei zeitgerechter Erfüllung der Aufgabe wird die Aufgabennummer blau umrandet.
   b) Bei Nichterfüllung wird die Aufgabennummer rot umrandet und der Lebensmonat des Kindes zur Zeit der Überprüfung rot in die Spalte „Monat“ eingetragen. Sobald festgestellt wird, dass das Kind die bisher nicht erfüllte

Aufgabe beherrscht, wird der Lebensmonat deutlich in die Spalte „Monat“ unter die rote Zahl geschrieben.

c) Bei vorzeitiger Erfüllung wird die Aufgabennummer grün umrandet und der Lebensmonat bei der Überprüfung mit grün in die Spalte „Monat“ neben der erfüllten Aufgabe eingetragen.

4. In dem Abschnitt „Zusammenarbeit mit dem Elternhaus“ sollten die mit den Eltern besprochenen Probleme in Stichworten eingetragen werden.
5. In dem Abschnitt „Gesamteinschätzung“ wird stichwortartig die erreichte Gesamtentwicklung und das Verhalten des Kindes eingeschätzt.

Quart.	Dat.	♂ Länge in cm	♂ Gewicht in kg	♀ Länge in cm	♀ Gewicht in kg	Bewegungsfertigkeiten	Monat	Hygien. Gewohnheiten und Selbstbedienung	Monat	Spieltätigkeit	Monat
I. 1–3	/	58 61 64	5,2 5,9 6,6	57 60 63	4,8 5,5 6,2	1. Hebt Kopf, stützt sich auf Unterarme		1. Ißt Gemüsebrei und geriebenen Apfel vom Löffel 2. Schläft nachts durch		1. Es berührt noch zufällig und ungesteuert Gegenstände seiner unmittelbaren Umgebung (Decke, Windel, Klapper)	
II. 4–6	/	65 68 72	7,1 8,0 8,9	64 67 70	6,6 7,5 8,4	1. Rollt sich vom Bauch auf den Rücken und umgekehrt 2. Zieht sich bei Unterstützung aus Rückenlage hoch		1. Wird beim Füttern aufrecht auf dem Schoß der Pflegerin gehalten 2. Beginnt Säfte aus der Tasse zu trinken 3. Hat feste Schlaf- u. Wachzeiten		1. Greift sicherer nach Gegenständen und hantiert damit	
III. 7–9	/	69 73 76	8,3 9,3 10,3	68 71 74	7,8 8,8 9,8	1. Kriecht vorwärts 2. Versucht sich, an Bett und Box hochzuziehen und steht, wenn es sich festhalten kann		1. Sitzt auf dem Töpfchen und äußert Bedürfnis 2. Hält Löffel beim Füttern mit 3. Hält Keks und beißt ab 4. Trinkt aus der vorgehaltenen Tasse		1. Kann in jeder Hand einen Gegenstand halten und sie aneinander klopfen 2. Es sucht nach Gegenständen, die vor seinen Augen versteckt werden 3. Es beginnt Bewegungen mit Gegenständen nachzuahmen 4. Beteiligt sich für kurze Zeit an einer Beschäftigung durch den Erwachsenen	
IV. 10–12	6.11 79	72 76 80	9,2 10,3 11,4	70 74 75 78	8,6 (9,2) 9,7 10,8	(1) Es geht in der Box und mit Festhalten an Einrichtungsgegenständen seitlich und vorwärts (2) Steht kurze Zeit frei	14	(1) Kann mit Unterstützung Mahlzeiten am Tisch sitzend einnehmen (2) Hält Löffel und führt ihn zum Mund mit Unterstützung (3) Trinkt aus der Tasse	14	(1) Erwirbt Handfertigkeiten (Gegenstände am Band ziehen, am Griff festhalten) (2) Kästchen auf- und zumachen (3) Hohlwürfel auslegen	
V. 13–15	6.2. 80	75 79 82	9,8 11,0 12,2	73 72 77 81	9,2 (9,0) 10,3 11,4	(1) Beginnt frei zu gehen (2) Bückt sich ohne festzuhalten (3) Stellt sich auf Zehenspitzen mit Festhalten	16 18 17	(1) Ißt selbständig Brei (2) Hält Schnitte und beißt ab (3) Reagiert auf Aufforderung beim An- und Ausziehen mit entsprechenden Bewegungen		(1) Beteiligt sich an Versteckspielen (2) Es nimmt Scheiben der Ringpyramide ab (3) Baut Turm aus 2–3 Steinen auf Vorzeigen (4) Es kann mit zwei Schlegeln auf einer Trommel schlagen (5) Rollt einen Ball mit beiden Händen dem Erwachsenen zu (6) Hohlwürfel einsetzen	20 14

Kenntnisse der Umwelt und Sprachentwicklung	Monat	Soziales Verhalten	Monat	Musische Fähigkeiten und Fertigkeiten	Monat	Zusammenarbeit mit dem Elternhaus – Probleme:	Monat
1. Lächeln u. stößt Laute aus beim engen Kontakt mit den Erwachs. 2. Fixiert u. verfolgt mit den Augen Klappern u. ähnl. Gegenstände		1. Es reagiert auf den vertrauten Erwachsenen mit Beruhigung und Lächeln, später mit Jauchzen, Krähen und Beugegestikulation					
1. Es wendet sich in Richtung von Geräuschen 2. Unterscheidet Stimmen von Erwachsenen 3. Es lallt ausgeprägt u. vielseitig 4. Es ahmt Mienenspiel nach		1. Es reagiert auf vertraute Personen auch schon aus der Entfernung mit Aufhorchen und Zuwenden 2. Es zappelt und lacht, wenn es der Erwachsene auf den Arm nimmt oder mit ihm scherzt und spielt 3. Es bringt lust- und unlustbetonte Empfindungen deutl. durch Mimik, Gestik u. Stimme zum Ausdruck 4. Es reagiert beim Ruf auf eigenen Namen durch Aufhorchen und Zuwenden				aus der Tasse trinken lassen	
1. Es ist fähig, Fremdlaute, Silben und Ausrufe der Erwachsenen nachzuahmen 2. Es hantiert, klopft und kratzt an Gegenständen		1. Es sucht Kontakt mit Erwachsenen durch Blicke, Zappeln oder Zupfen u. ä. 2. Es verhält sich unterschiedlich gegenüber bekannten oder fremden Personen 3. Es reagiert auf andere Kinder mit Lächeln, wenn sie sich bewegen oder Laute hervorbringen 4. Es kann einf. unmittelbare Gefühle (Zuneigung, Scheu) durch Mimik, Gestik o. Stimme zum Ausdruck bringen 5. Es reagiert richtig auf den Anruf seines Namens				abhalten, auf den Topf setzen, aus der Tasse trinken lassen	
(1) Reagiert auf die Frage: „wo ist" und blickt suchend nach bekanntem Gegenstand oder der bekannten Person (2) Versucht Silben nachzusprechen und spricht 1–2 Worte	14	(1) Es ruft vertraute Personen mit Hilfe bestimmter Lautkomplexe (2) Es bemüht sich, den Erwachsenen zum gemeinsamen Spiel zu veranlassen (3) Es sucht Kontakt mit dem Erwachsenen durch Umarmen, Anschmiegen usw. (4) Es reagiert auf Gebote und Verbote, die täglich verwendet werden		(1) Es reagiert auf Vorsingen, auf Mimik und Gestik		Löffel halten lassen, Sprachübungen (Teddy, Ball . . .)	
(1) Reagiert auf die Frage „wo ist" mit Zeigen (2) Sucht und bringt auf Aufforderung Gegenstände (3) Spricht Silben, Ausrufe und einige Dingwörter nach	[illegible]	(1) Es zeigt lebhafte positive oder negative Gefühle gegenüber Erwachsenen und Kindern (z. B. Kränkung und Beleidigung) (2) Es läuft vertrauten Erwachsenen mit ausgebreiteten Armen entgegen (3) Es ruft vertraute Erwachsene in Kindersprache	17	(1) Es beginnt mit einem Stift über das Papier zu kritzeln (2) Es lallt als Antwort auf Vorsingen		Sprachübungen „wo ist?" allein essen lassen	

Schaue ich mir meinen ‚Entwicklungsbogen' an, sehe ich einen Farbkasten aus Blau, Rot und Grün. Rot dominiert im 4. bis 7. Lebensquartal vor allem in den Kategorien „Bewegungsfertigkeiten", „Hygienische Gewohnheiten", „Spieltätigkeit" sowie „Kenntnisse der Umwelt und Sprachentwicklung". Hier ist also das Projekt Sandy 1.0 im Verzug, Underperformance gewissermassen. Fähigkeiten wie zum Beispiel frei zu stehen beziehungsweise zu gehen, aus der Tasse zu trinken, tagsüber keine Windelpackung zu benötigen, einem Erwachsenen einen Ball mit beiden Händen zuzurollen, große und kleine Stäbchen zu sortieren, Silben nachzusprechen, ein bis zwei Worte zu sprechen – hier hinke ich dem Norm-DDR-Kind hinterher. Nun möchte ich das Bild aber gar nicht so rot beziehungsweise düster malen. Es ist nicht der komplette Meilenstein gerissen worden, es finden sich auch viele blaue Kreise als Umrandungen über alle Lebensquartale und Kategorien hinweg. Ich bin also noch auf Kurs, das Projekt ist nicht gänzlich gefährdet. Ab dem 9. Lebensquartal hole ich sogar auf, grün ja grün sind alle meine Kreise, nicht alle, aber viele. Ich steige also vorzeitig Treppen im Wechselschritt, kann mich vorzeitig allein waschen und abtrocknen sowie auf die Toilette gehen. Interessant finde ich, dass ich mich – wohlgemerkt vorzeitig - selbst als "Ich" bezeichnen kann und zudem stolz bin bei Lob. Um die Zuwendung vertrauter Personen bemühe ich mich ebenfalls. Die Kategorie „Zusammenarbeit mit dem Elternhaus/Probleme" enthält keine handschriftlichen Vermerke, alles tippi toppi. Oder trügt hier der Schein beziehungsweise das unbeschriebene, mittlerweile etwas vergilbte Blatt Papier? Die Gesamteinschätzung der jeweiligen Pflegerin sowie Leiterin (der Bogen enthält tatsächlich nur jeweils die weibliche Formulierung, die ich hiermit entgegen einer gendergerechten Schreibweise wahrheitsgetreu 1:1 übernehmen möchte), zeichnet pro Lebensquartal das folgende Bild von mir:

Quartal IV:
Sandy hat sich gut in der Kindergruppe eingelebt, an Spiel und Beschäftigung ist sie interessiert.

Quartal V:
Sandy ist ein freundliches und aufgeschlossenes Kind. Ihre Spielfähigkeit ist gut. Sandy ist sehr interessiert an der täglichen Beschäftigung.

Quartal VI:
Sandy ist ein aufgewecktes Mädchen. Sie beteiligt sich gut an Beschäftigung und Spiel. Bei den Mahlzeiten und im Spiel will sie ihren eigenen Kopf durchsetzen und fügt sich nicht den Forderungen der Erzieherinnen.

Quartal VII:
Sandy ist ein freundliches und aktives Kind. An Beschäftigung und Spiel zeigt sie Interesse und beteiligt sich gut. Sie versucht öfters, ih-

ren Willen durchzusetzen, zeigt sich aber vertrauten Personen gegenüber lenkbar.

Quartal VIII:
Sandy ist sehr aufgeweckt und freundlich. Sie zeigt viel Aktivität in der Beschäftigung und im Spiel. Sie ist hilfsbereit gegenüber den Kindern und Erzieherinnen. Sandy ist jetzt beherrschter als vorher.

Quartal IX und X:
Sandy ist ein sehr lebhaftes Kind. Sie sucht ständig Kontakt zu Kindern und Erwachsenen. Sandy zeigt viel Interesse und Geschick bei Spiel und Beschäftigung. Sie spielt gern mit anderen Kindern. Sandy hilft der Erzieherin gern, kleine Arbeiten zu verrichten. Sie ist hilfsbereit den Kindern gegenüber und freundlich.

Quartal XI und XII:
Sandy ist ein lebhaftes und aufgeschlossenes Kind. Sie hat guten Kontakt zu den Erzieherinnen. Die Kinder haben sie gern. Sandy zeigt großes Interesse für alles Neue. Im Spiel und in der Beschäftigung ist sie geschickt. Sie zeigt Ausdauer im Spiel und spielt gern mit anderen Kindern zusammen. Sie ist hilfsbereit und hilft der Erzieherin gern, kleine Aufgaben zu ver-

richten. Schwierigkeiten hat sie beim Bestimmen der Farben und Größen.

Jetzt habe ich es sicherlich geschafft, dass Ihnen, liebe Lesende, mein Vorname noch für den Rest des Tages im Gedächtnis herumschwirren wird. Abgesehen von diesem Memory-Effekt, die Beschreibungen meiner Persönlichkeit mit Eigenschaften wie aufgeweckt, aufgeschlossen, hilfsbereit, interessiert sowie geschickt – das sind doch gar keine so schlechten Produktmerkmale für den Rohling zu Sandy 1.0, oder? Gut, lebhaft rammt wahrscheinlich haarscharf an der Grenze zum Negativen vorbei. Diese Wesenseinschätzung taucht später wieder in meinem Schul-Zeugnis als Kopfnote „Betragen 3“ in der 3. Klasse auf. Aber, perfekt ist langweilig! Unterm Strich kann sich der Rohling sehen lassen, finde ich. Die Schwierigkeiten beim Bestimmen der Farben sind glücklicherweise auch nicht in einer Rot-Grün-Sehschwäche gegipfelt, dem Sehtest im Rahmen des Führerscheins kann ich also gelassen entgegensehen, im wahrsten Sinne des Wortes. Vielleicht hätte ich einfach schon viel eher, mit drei Jahren, ein Nasenfahrrad tragen sollen.

Doch mal Spaß beiseite, wie objektiv, subjektiv oder ehrlich ist die Beurteilung beziehungsweise Einschätzung der Erzieherinnen überhaupt? Sozialistischer Einheitsbrei? Sind diese Einrichtungen nicht dazu verdammt gewesen, ideologisch erwünschte Erziehungsziele umzusetzen? Gruppennormen anstatt Rücksicht auf beziehungsweise Raum für individuelle Bedürfnisse der einzelnen Kinder? Darüber hinaus, wie heutzutage sicher auch, die Überlastung der Betreuenden - mehrere Kinder pro Erzieherin, die dazu noch im Schichtbetrieb arbeiten. Kann sich unter diesen Gegebenheiten überhaupt ein Vertrauensverhältnis aufbauen? Die Erzieherinnen sind aber DIE Bezugspersonen, durchgehend von Montagmorgen bis Freitagnachmittag. Bin ich deshalb so hilfsbereit gewesen, um mir damit die Gunst und Aufmerksamkeit einer Erzieherin zu ergattern, zumindest für ein kurzes Zeitfenster? Sind diese Erzieherinnen am Ende viel mehr Bezugsperson für mich gewesen, als es meine leibliche Mutter je sein konnte und wollte? Zu wem habe ich eine Bindung aufbauen, emotionale Nähe spüren und zulassen können? Ist mir meine leibliche Mutter am Samstag und Sonntag fremd gewesen, und das jede Woche aufs Neue? Bin ich im „Kinder-Kollektiv" mehr zu Hause gewesen als bei meiner Mutter und Großmutter, mit denen ich in einem Haushalt zusammengelebt habe? Hätte es für meine Mutter als alleinerziehend und ebenfalls in Schichten arbeitend eine andere realistische Option gegeben? Warum hat sie mit der Wiederaufnahme ihrer Berufstätigkeit im September 1979 keinen „normalen" Job gewählt, mit einer Arbeitszeit zum Beispiel von 8 bis 16 Uhr? Damit wäre es vereinbar gewesen, werktätig UND alleinerziehend zu sein, auch unter der Woche. Sie hätte ab 16 Uhr in die Mutterrolle schlüpfen können und wir hätten bis zum nächsten Morgen Zeit gemeinsam verbracht. Tagsüber wäre meine Betreuung beziehungsweise Beaufsichtigung durch die in der DDR ebenfalls etablierte Tageskrippe sichergestellt gewesen. Haben rein finanzielle Gründe diesem Modell entgegengestanden, hat sie sich deshalb für Schichtbetrieb und somit für meine Unterbringung in der Wochenkrippe entschieden? Es stimmt mich sehr traurig, und ja, der Gedanke daran schmerzt körperlich, dass es vorgekommen ist, dass sie mich öfters freitags nicht aus der Wochenkrippe abgeholt hat. Ich bin dann in der Krippe weiter betreut worden bis Samstagmittag, und, wenn wahrscheinlich die Beaufsichtigung durch meine Großmutter am Wochenende nicht möglich gewesen ist, von einer Erzieherin mit zu sich nach Hause genommen worden. So muss ich wohl der Tatsache ins

Auge sehen, dass das Band der Mutterliebe demnach nicht wirklich stark gewesen sein kann. Hätte es nicht ihr größter Wunsch und auch ihr größtes Bedürfnis sein müssen, mich am Ende ihrer Arbeitswoche zu sich zu holen, damit wir wenigstens das Wochenende gemeinsam verbringen können? Hat sie mich als Last empfunden, als unliebsames Anhängsel? Habe ich mich, anstatt unerschrocken und abenteuerlustig mit einer Feder hinterm Stirnband dem Leben zu begegnen, Stück für Stück einsam und verlassen gefühlt? Hat die Wochenkrippe, als Instrumentarium der DDR, Müttern die volle Berufstätigkeit zu ermöglichen, am Ende nur eine Kind-Weggabe, MEINE Weggabe, hinausgezögert, die sonst schon viel eher passiert wäre?

Das Ende meiner offiziellen Wochenkrippen-Zeit ist der Anfang meiner Adoption. Am 31. August 1981 bin ich nicht von meiner leiblichen Mutter, MEINER Mama, aus der Krippe abgeholt worden. Das wäre aber der Plan gewesen, da ich am nächsten Tag – von ihr begleitet - in den Kindergarten hätte wechseln sollen. Da dieser ebenfalls eine Wocheneinrichtung gewesen ist, bin ich dort zunächst weiter betreut worden. Neue Erzieherinnen, neue Kinder-Gruppe, alles wieder auf Anfang. Zu einer wirklichen Eingewöhnung ist es jedoch nicht mehr gekommen. Der 8. September 1981, ein Dienstag, ist mein persönlicher D-Day, der Tag der Entscheidung. Meine leibliche Mutter hat an diesem Tag im Gespräch mit dem Jugendamt ihre Einwilligung in die Adoption erteilt. Bähm, da fällt der Indianer ein 2. Mal von seinem Pferd. Danach ist von der Zeitschiene her alles verhältnismäßig schnell gegangen, was sicher auch etwas Gutes hat, so ist mir die nächste Station, ein längerer Aufenthalt in einem Kinderheim, erspart geblieben.

Nur drei Tage später, sprich, am 11. September 1981, bin ich bereits in den Haushalt meiner späteren Adoptiv-Eltern aufgenommen worden. Mit knapp drei Jahren bin ich Teil einer neuen, mir noch unbekannten Familie geworden. Erinnerungstechnisch zeigt sich an dieser Stelle wieder die Black-Box, für dieses Lebensalter sicherlich nachvollziehbar beziehungsweise verständlich. Gemäß den Erzählungen meiner Adoptiv-Eltern bin ich zu diesem Zeitpunkt ein fröhliches Kind gewesen, hätte nie geweint oder nach meiner leiblichen Mutter beziehungsweise Familie generell gefragt. Hat es diese Momente wirklich nicht gegeben oder haben sie sie verdrängt aus Eigenschutz? In ihrer Erinnerung habe ich meine „neuen“ Eltern und Großeltern mit Purzelbäumen sowie Gesangseinlagen unterhalten.

Ich bin nach außen hin ein Sonnenschein, ein fröhliches Kind gewesen, so auch die Aussage der Jugendamts-Mitarbeiterin beim Überprüfungsbesuch.

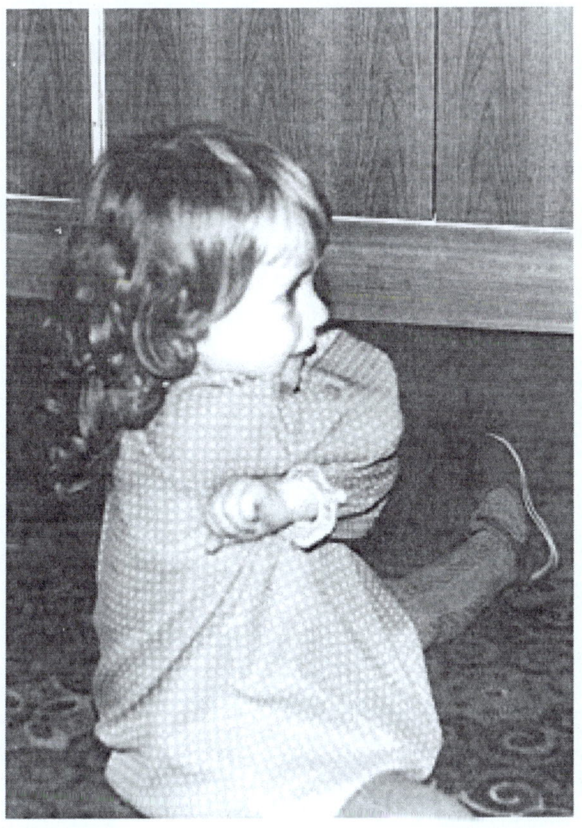

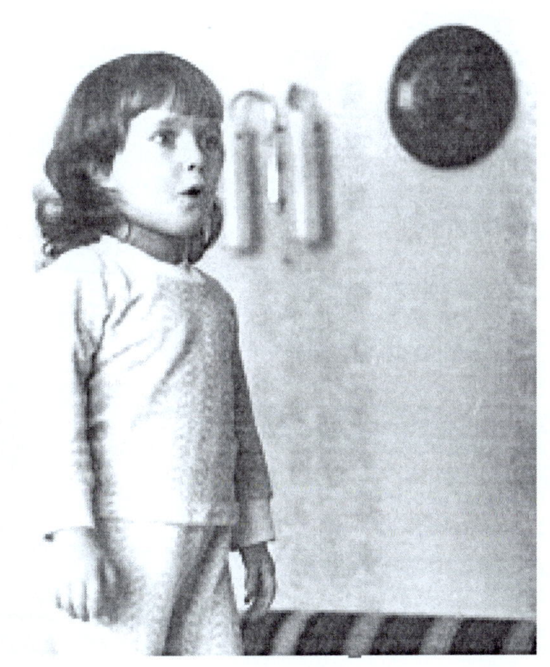

Bin ich zu diesem Zeitpunkt noch Sandy 1.0 oder ist aus mir Sandy 2.0 in der Entertainment-de luxe-Ausführung geworden, damit ich diesen Wechsel, die neue Verortung seelisch überhaupt verkrafte? Ist die Version 2.0 ein Upgrade oder eher ein Downgrade zur Vor-Version? Oder bin ich immer noch ich, nur eben halt an einem anderen Ort, in einem anderen Gefüge?

Ich kann mir gut vorstellen, dass ich, mit Kinderaugen betrachtet, das neue Umfeld als sehr spannend und in gewisser Weise auch als wohltuend empfunden habe. Plötzlich Aufmerksamkeit von vielen mir zugewandten Menschen, die sich definitiv auf mich gefreut haben. Eltern, die wirklich Eltern sein wollen, Großeltern im Doppelpack obendrauf, eine verschmuste Samtpfote und viel neues Spielzeug inklusive.

Das liest sich doch echt super und lässt ein Kinderherz höher schlagen, so bestimmt auch das meine zu diesem Zeitpunkt. Mich auf neue beziehungsweise wechselnde Bezugspersonen einzustellen, ist nach der Wochenkrippen-Erfahrung sicherlich keine allzu große Herausforderung für mich gewesen. Und wenn das Band zu meiner leiblichen Mutter so dünn gewesen ist, wie es den Anschein hat, ist mir der Eintritt in das neue Familiensystem sicher relativ leicht gefallen. Meine interessierte Art und ein Schuss kindliche Unbekümmertheit haben mich an dieser Stelle wahrscheinlich nach vorn und nicht zurückschauen lassen. Doch habe ich das erste Familiensystem, zu welchem ich aufgrund meiner Geburt zugehörig bin, wirklich so leicht abschütteln, vergessen können? Was ist mit der Trauer, die doch sicherlich dagewesen, in mir gewesen sein muss, über den Verlust von leiblicher Mutter und Großmutter? Ist sie in meiner „neuen" Familie gesehen, gespiegelt worden? Habe ich das Ausmaß des Verlassenwerdens zu diesem Zeitpunkt begreifen, fühlen können? Und wenn ja, was hat es mit mir gemacht? Wohin haben sich Gefühle wie Trauer, Wut, Schmerz oder Angst verkrochen? Nach wem habe ich meine kurzen Ärmchen ausgestreckt? Ist die scheinbare Lebensfreude nach außen nur ein Ablenkungsmanöver meines Nervensystems, meines inneren Systems an sich, um nicht zu kollabieren? Wann ist mir bewusst geworden, dass der Orts- und Familienwechsel kein Ausflug in ein Ferienlager oder Ähnliches ist, sondern mein neues Leben? Akzeptanz der neuen Umstände oder Rebellion gegen eben diese – was in einem Menschkind von nicht mal drei Jahren bestimmt, wie es damit umgeht, weiterlebt?

Ist es anmaßend, an dieser Stelle von einem Trauma zu sprechen, was mir widerfahren ist? Ist es als ein Schock-Trauma zu definieren oder ist es der vorläufige Gipfel eines Entwicklungs-Traumas, was sich seit meiner Geburt Schicht für Schicht aufgetürmt hat, aufgrund der unzureichenden Bindung zu meiner leiblichen Mutter? Was verbirgt sich hinter diesem mächtigen Wort TRAUMA, aus dem Altgriechisch stammend und eine „Wunde“ beziehungsweise „Verletzung“ bezeichnend? Und noch viel wichtiger, wie geht es nun weiter? Tritt an dieser Stelle der innere Projektleiter hervor, schätzt in welchem Zeitfenster auch immer die Gesamtsituation ein und gibt anschließend die neue Marschrichtung vor, um zu verhindern, dass das Projekt gänzlich scheitert? Wer ist überhaupt dieser Projektleiter? Kenne ich ihn und wie kann ich sicher sein, dass er das Richtige unternimmt? Oder nehme ich jetzt die erste Schublade meines Apothekerschrankes in Beschlag, die nun gefüllt und erst viel, viel später wieder herausgezogen werden wird, um tatsächlich aufzuarbeiten, was zu diesem Zeitpunkt darin verstaut worden ist? Passiert dies bewusst oder unbewusst? Und ist es überhaupt die erste Schublade?

Coming-out und Wurzelsuche

Identität – die Suche nach dem eigenen Ich, die dazu führt zu hinterfragen, ob das subjektiv empfundene „Innen“ auch zu dem gesellschaftlich erwarteten „Außen“ passt. Habe ich mich schon immer zu Frauen hingezogen gefühlt, auch auf körperlicher, sexueller Ebene? Bin ich also schon immer eine lesbische Mokassinsträgerin gewesen? Dies muss, kann, will ich eindeutig mit Ja beantworten. Nach der Prinzessinnen-, Clown- und Teufelchen-Phasc in Bezug auf das Faschingsgewand bin ich irgendwann beim Dandy-Look mit Zylinder und Gehstock gelandet. Spätestens an dieser Stelle hätte mir und meinem Umfeld klar sein können und müssen, wohin die Reise geht.

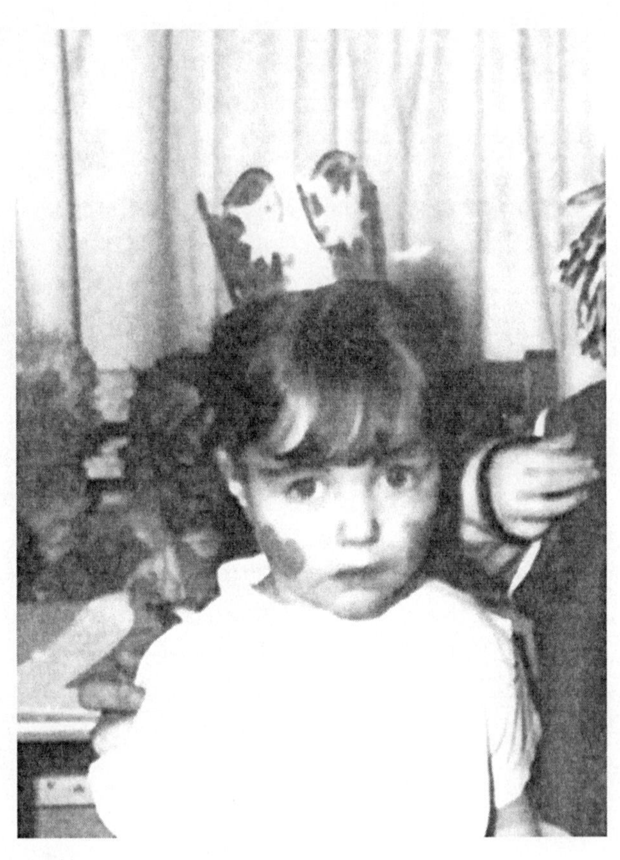

In der Schulzeit, bereits in der Grundschule, habe ich mich nicht in Lehrer, sondern in Lehrerinnen verliebt. Im dörflichen Hobby-Volleyball-Verein habe ich meinen weiblichen Schwarm angeschmachtet, natürlich nur heimlich, ohne ihr jemals meine Gefühle zu offenbaren. Dies wäre einfach undenkbar gewesen, habe ich damals zumindest geglaubt. Der Mut, mit 15 zu mir selbst zu stehen, ist zu diesem Zeitpunkt noch ein zu kleines und zartes Pflänzchen gewesen, als dass es dem Gegenwind hätte trotzen können und wollen. Das Coming-Out ist somit erst mal von mir auf Eis gelegt worden, mit einem Alibi-Schulfreund habe ich versucht, Normalität vorzugaukeln, auf einer dennoch eher platonischen Ebene. Die Flucht in die TV-Fiktion ist für mich in den nächsten Jahren zunächst die einzige Möglichkeit gewesen, das wahre Empfinden am Leben zu erhalten, wenngleich die TV-Landschaft Mitte der 90er Jahre mit dem Thema gleichgeschlechtliche Liebe noch sehr spärlich umgegangen ist. Princess und Prince Charming sind noch Lichtjahre davon entfernt, über den Bildschirm zu flimmern. Saskia und Harumi als zeitweises lesbisches Liebespaar in „GZSZ – Gute Zeiten, schlechte Zeiten" im Jahr 1996 seien jedoch als positives und mutiges Beispiel erwähnt. Ungefähr im selben Zeitraum ist mir im ZDF der Film „When night is falling / Wenn die Nacht beginnt" begegnet, für mich damals wie heute eine wunderschöne, bewegende, cineastische Umsetzung, einfach ein Plädoyer für die Liebe, in diesem Fall zwischen zwei Frauen.

Im wahren Leben, in unserem 3000-Seelen-Dorf, mit den Kühen auf dem Berghang hinterm Haus, ist für mich kein Leben außerhalb der heterosexuellen Norm sichtbar oder vorstellbar gewesen. Mit dem Beginn meiner

Ausbildung 1997, die mich nicht in die große weite Welt geführt hat, habe ich mich dann den Erwartungen meines Umfeldes ergeben, ja, so muss ich es formulieren. Ergeben im Sinne von aufgeben. Die Vorstellung einer gleichgeschlechtlichen Liebe und Beziehung habe ich ganz tief vergraben, da ich immer noch schlichtweg zu feige gewesen bin, den Schritt in diese Richtung zu wagen. Der Apothekerschrank lässt wieder grüßen. Stattdessen bin ich eine Beziehung mit einem Mit-Auszubildenden eingegangen, mein erster richtiger Freund sozusagen. Ich gebe zu, ich bin überrascht und sicher auch geschmeichelt gewesen, von einem gutaussehenden, sportlichen, intelligenten jungen Mann wahrgenommen zu werden. Unsere knapp 5-jährige Beziehung ist liebevoll und das Körperliche für mich nicht die Hölle auf Erden gewesen. Schöne Pärchen-Urlaube, ähnliche Interessen, gemeinsame Hobbys und die 1. gemeinsame Wohnung rahmen das Bild meiner heterosexuellen Phase. Und ja, ich bin froh gewesen, keinen Fragen oder Blicken mehr ausgesetzt gewesen zu sein, als normal zu gelten, irgendwo meine Ruhe zu haben. Doch rückblickend betrachtet bin ich egoistisch und ihm gegenüber verlogen in diese Beziehung gegangen, da für mich von vornherein klar gewesen ist, dass diese zeitlich begrenzt sein wird, zeitlich begrenzt sein muss. Ich hatte eine Rolle in einem Theaterstück übernommen, in das ich irgendwie so hineingeschlittert bin, ohne wirklich ernsthaft dagegen zu protestieren oder mich aufzulehnen. Eine Rolle, mit der ich mein Umfeld und am Ende auch mich selbst versucht habe zu täuschen, versucht habe, etwas zu leben, was nicht meinem Naturell entspricht. Die sprichwörtliche Schlinge um meinen Hals hat dann letztlich die wiederkehrende Frage: „Wann ist es denn bei euch so weit?“, Stück für Stück enger gezogen. Heirat und Kind sind hier gleichermaßen gemeint gewesen. Zur Verlobung habe ich noch schizophrenerweise „Ja“ gesagt, die Rolle weitergespielt, die Dinge laufen lassen. Das Thema Kind ist der Teil vom Eisberg gewesen, der unter der Wasseroberfläche verborgen gewesen ist und von dem nur ich Kenntnis hatte. Seit ich denken kann, ist mir klar gewesen, ich möchte kein Kind, ich möchte niemals Mutter werden, möchte niemals gebären. Die Vorstellung, ungewollt schwanger zu werden, ist während der gesamten Beziehung eine Horror-Vorstellung für mich gewesen. Ich habe keine Ahnung, wie ich diesen Eisberg über diese Zeit hinweg habe „umschiffen“ können. Also ja, körperlich gesehen regelmäßig Mund auf, Anti-Baby-Pille rein, Mund zu. Verhütungsquote glücklicherweise aus meiner Sicht 100 Prozent. Aber zwi-

schenmenschlich gesehen, emotional meinem damaligen Partner gegenüber, nicht die feine englische Art, denn er hat definitiv einen Kinderwunsch gehabt.
So ist es dann im Frühjahr/Sommer 2002 gekommen, wie es kommen musste. In der lokalen Tageszeitung hatte ich unter der Rubrik „Sie sucht sie“ eine Annonce entdeckt, auf die ich, natürlich alles unter dem Deckmantel der Heimlichkeit, per Brief geantwortet habe. Tja, und so habe ich mich plötzlich inmitten eines Zweikampfes wiedergefunden – das starke Gefühl der Aufregung mit dem Blick auf das neue Unbekannte und doch so lang Ersehnte in der einen Ecke, Scham und Reue mit dem Blick auf meinen Partner, unsere Beziehung in der anderen. Und obwohl Partner und Beziehung eindeutig mehr Erfahrung vorzuweisen hatten, ist ihr Knock-Out unausweichlich gewesen. Letztlich ein unfairer Kampf. Ein Kampf, zu dem es hätte nicht kommen müssen, wenn ich eben bereits mit 15, 16 zu mir gestanden hätte, aber es hat einfach noch diese knapp acht Jahre gebraucht bis zu meinem Coming-out nach außen. Auch wenn sich die Begegnung mit Frau X nur als kurzer Sommernachtstraum entpuppt hat, so ist es für mich der Beginn eines neuen Abschnittes, eines neuen Seins gewesen, der mich übergangsweise allerdings auch wieder zurück in

mein altes acht Quadratmeter großes Kinderzimmer geführt hat. Nach dem ersten Schock und Aussagen wie „Du rennst ins Unglück!“, haben sich meine Adoptiv-Eltern mit meinem neuen Sein arrangiert, es toleriert und später auch akzeptiert. Wenngleich es für sie sicher nicht leicht gewesen ist – den Verlust des Traum-Schwiegersohns in spe zu verdauen, die Hoffnung auf ein Enkelkind zu begraben, das Getratsche im Dorf auszuhalten. Ich gebe zu, ich bin nach der Trennung, der Wohnungsauflösung und dem ganzen Gefühlschaos erst mal froh gewesen, in eine vertraute Bleibe zurückkehren zu können, zumindest übergangsweise. Dafür bin ich ihnen sehr dankbar und habe es auch nie als Selbstverständlichkeit betrachtet.

Für mich in die große Welt, sprich nach Goethes „Klein Paris“, bin ich 2003 gezogen, um der Liebe meines Lebens nah sein zu können, wenn auch anfangs erst mal nur im Charakter einer Wochenendbeziehung und dem beruflichen Pendeln meinerseits. Ein Jahr später ist daraus meine neue dauerhafte Heimat geworden, sowohl örtlich als auch von Herzensseite, und das nun seit fast 20 Jahren. Beziehungsfähig bin ich also. Es ist, entgegen der Sorge meiner Adoptiv-Eltern, kein Unglück gewesen, dem ich mich zugewandt habe, sondern mein Glück, Spießerleben mit Heirat, Haus und Hunden inklusive. Doppelherz trifft Dreifach-H, auf ein langes Leben, Prost!

Mein Coming-out mit knapp Mitte zwanzig ist eine für mich lebensverändernde Aufgabe gewesen, der ich mich gestellt habe, letztlich stellen musste, da ich sonst von ihr erdrückt worden wäre. Aber sie ist nur ein Teil meiner Identitätsfindung, es gibt noch einen weiteren, nicht weniger wichtigen. Und sicherlich ist es kein Zufall, dass sie beide zur selben Zeit so übermächtig geworden und aus den Tiefen meines Seins an die Oberfläche der Realität gespült worden sind.

Die Wurzelsuche, autsch, und nein, hierbei handelt es sich nicht um eine zahnärztliche Tätigkeit, sondern um die Suche nach meinen leiblichen Eltern, meiner Herkunft. Diese hat mich nach Jahren des Wegsehens, des Nicht-Hinhören-Wollens, des Als-Unwichtig-Abtuns eingeholt, und das mit voller Wucht. Dass ich adoptiert bin, weiß ich seit circa meinem 8. Lebensjahr. Diese Information habe ich an einem Wochenendtag im Bett meiner Adoptiv-Eltern erhalten, relativ kurz und knapp. An den genauen Wortlaut kann ich mich nicht erinnern. Was habe ich angesichts dieser Mal-kurz-die-Welt-aus-den-Angeln-heben-

Nachricht empfunden? Ich weiß es nicht, ich kann mich einfach nicht erinnern … kommt mir irgendwie bekannt vor?! Bin ich mit der Kenntnis über meine Adoption in eine Art Dornröschenschlaf gefallen? Ist die Version 1.0 spätestens ab diesem Ereignis auf einem Bett aus innerer Bewegungslosigkeit und emotionalem Dämmerzustand abgelegt worden? Ist stattdessen eine Version 2.0 in Gang gebracht worden, eine Kettenreaktion, so wie es einer Murmel in einer Murmel-Kettenbahn ergeht, klack klack? Oder ist es sogar bereits die Version 3.0 von mir, die ab diesem Zeitpunkt durch das Leben wandelt? In jenen Tagen sicher einem Irrgarten gleichend. Tatsache ist, dass danach nie wieder über dieses Thema gesprochen worden, nie ein im besten Falle ausführliches Gespräch zwischen uns zustande gekommen ist. Meine Adoptiv-Eltern haben nie von sich aus etwas erzählt, ich habe mich nie getraut, sie etwas zu fragen. Stille also. Und auch heute, 35 Jahre später, ist es mehr oder minder immer noch ein Tabu.

Umso mehr hat die Frage nach meiner Herkunft in mir gelauert und auf den richtigen Moment gewartet, um die Bühne zu betreten, gehört und gesehen zu werden. Im April 2002 habe ich mittels Anfrage an das Standesamt meines Geburtsortes mit der Suche begonnen, welche mich dann relativ schnell zum zuständigen Jugendamt geführt hat. Bereits Anfang Juni bin ich zu einem Termin eingeladen worden, um mein Anliegen mit der zuständigen Sachbearbeiterin besprechen zu können. Glücklicherweise eine offene, empathische Frau, die in der Lage gewesen ist, nicht nur einen Fall beziehungsweise die Akte, sondern auch den Menschen dahinter – mich – zu sehen. Die Berufsbezeichnung Sozialpädagogin ist hier wirklich zutreffend gewesen. Eine solch positive Erfahrung ist nicht jedem Adoptierten vergönnt.

Die Recherche seitens des Amtes hat sich dann bis April 2004 gezogen, ganze zwei Jahre, zwischen dem vielversprechenden Beginn und dem umso traurigeren Ergebnis – leibliche Mutter seit 1999 verstorben, mit gerade mal vierzig Jahren, Großeltern mütterlicherseits beide verstorben, leiblicher Vater wünscht zum jetzigen Zeitpunkt keinen Kontakt. Puh, der Indianer hat es aber auch echt nicht leicht, ein weiteres Mal ist er aus dem Sattel geworfen worden und unsanft aufgekommen. Also, wieder aufstehen, Staub und Dreck abklopfen, Federschmuck richten und nicht verzagen. Alles hat seinen Sinn und Unsinn, oder? Eine positive Nachricht ist zumindest im Suchergebnis mit verpackt gewesen – die Schwester meiner leiblichen Mutter, meine Tante also, lebt noch. Über die Vermittlung des Jugendamtes ist die Kontaktaufnahme ermöglicht und von der Gegenseite positiv aufgenommen worden, sodass es im September 2004 zu einer ersten realen Begegnung zwischen meiner leiblichen Tante und mir gekommen ist. Wenigstens ein kleiner Lichtblick im Dunkel trauriger Enttäuschung.

Das erste Mal einem leiblichen Familienmitglied gegenüberzustehen, ist für mich sehr zwiespältig gewesen. Große Freude und Aufregung einerseits, keine Frage, schlotternde Knie inklusive. Andererseits aber auch Unsicherheit, wie die Chemie zwischen uns sein wird. Und vor allem auch die Anstrengung, sich mehr über die dazugewonnene Tante zu freuen, als über die verlorene leibliche Mutter zu trauern. Rein optisch ist es schwer für mich gewesen, mich in meiner Tante wiederzufinden. Schlank, sportlich, gepflegt, das sind wir beide, aber sie ist mindestens einen Kopf größer als ich. Und auch in den Gesichtszügen habe ich bedauerlicherweise nicht wirklich Gemeinsamkeiten entdecken können. Aber sind diese Äußerlichkeiten wirklich wichtig? Ihre Offenheit und Bereitschaft, mich zu treffen und – wieder – in ihr Leben aufzunehmen, haben mir an dem Tag viel bedeutet, und das hat sich bis heute nicht geändert. Der Kontakt besteht seitdem, wir hören, lesen, sehen uns regelmäßig, wenngleich es, bezogen auf die Häufigkeit, sicherlich noch ungenutztes Potenzial gibt. Aber es ist für beide Seiten so in Ordnung, das stelle ich hier zumindest jetzt einfach mal so in den Raum.

Durch meine Tante habe ich zum einen Bilder von mir erhalten, die mich im Lebensalter von 0 bis knapp 3 zeigen. Zum anderen aber auch Bilder von meiner leiblichen Mutter, sodass ich ab diesem Zeitpunkt nun tatsächlich auch eine optische Vorstellung von ihr habe, wie sie in unterschiedlichen Lebensphasen ausgesehen hat. Und auch hier fällt es mir schwer, mich in ihr zu sehen. Zumindest im Erwachsenen-Alter komme ich wahrscheinlich mehr nach meinem leiblichen Vater.
Aber es gibt auch eine witzige Übereinstimmung … der Mireille-Mathieu-Gedächtnis-Haarschnitt, den ich zu meinem Schulanfang (gezwungenermaßen) getragen habe und meine Mutter mit 13, 14, wahrscheinlich auch gezwungenermaßen. Wenn diese beiden Bilder nebeneinander liegen, ist es faktisch von der Optik her ein- und dieselbe Person, ich bin also sie, sie ist ich.

Dies findet sich auch in den Beurteilungen in unseren Schulzeugnissen wieder – bereits in der 1. Klasse haben wir jeweils den Vermerk, dass wir im Unterricht oft schwatzen und daher ermahnt werden müssen. Mit der Note 3 in der 3. Klasse im Bereich „Betragen" haben wir ebenso eine gemeinsame, wenn auch keine rühmliche Punktlandung hingelegt. Gruppenratsvorsitzende der Jungpioniere sind wir auch jeweils gewesen, „seid bereit, immer bereit" also. Sportlich aktiv ebenfalls, so habe ich wohl mein Talent beziehungsweise die Liebe zu Ballsportarten von ihr geerbt, im wahrsten Sinne des Wortes. Zu den Umständen meiner Adoption haben die Informationen, die meine Tante mit mir teilen wollte und konnte sowie die Angaben aus meiner Adoptions-Akte, nur bedingt helfen können.

Wie ein löchriger Schweizer Käse erscheint die Vorgeschichte, das Wie und Warum. Nichtsdestotrotz, ein Stück Identitätsfindung ist damit für mich möglich gewesen, der Besuch ihres Grabes etwas Reales, Greifbares. Doch habe ich in dieser Zeit damit wirklich etwas auf- oder verarbeiten können? Bin ich mit Mitte zwanzig dazu tatsächlich bereit und in der Lage gewesen? Das Aufsaugen von nur spärlich vorhandenen Informationen, die mehr Fragen als Antworten gebracht haben, das nackte und brutale Wissen um den viel zu frühen Tod meiner leiblichen Mutter, die Wahrheit, die neben ihr im Grab liegt und ungesagt bleiben wird, die Zurückweisung meines leiblichen Vaters zum damaligen Zeitpunkt. Wohin damit? Ach, mein geliebter Apothekerschrank, da bist du ja wieder. Und das Leben geht weiter.

Burn-out

Ich bin schon immer schlank gewesen. Im Erwachsenen-Alter drückt sich das, schwankend aufgrund der Jahreszeiten-Reserve-Einlagerungen, in einem Körpergewicht von 50 bis 53 kg aus. Gepaart mit meinen 1,60 m an Körpergröße ergibt das einen BMI in der Kategorie Normalgewicht, mit einer leichten Tendenz zum Untergewicht in Zeiten der 50-kg-Phase.

Es sind nicht die zahlreichen körperlichen Symptome wie zum Beispiel Einschlafstörungen, bleierne Müdigkeit tagsüber, Kopf- und Rückenschmerzen, Schwindelgefühl, Verdauungsprobleme gewesen, die meine Alarmglocken haben schrillen lassen. Auch nicht die tiefe Traurigkeit mit und ohne Weinen, die Gleichgültigkeit oder der Wunsch nach Einigelung beziehungsweise Rückzug vom sozialen Leben, die Gereiztheit, Ruhelosigkeit und Ungeduld, mir selbst und meiner Frau gegenüber. Im Juni 2018 ist es letztendlich der Blick auf die Waage gewesen, welcher mich mit der knallharten digitalen Anzeige von 47 kg wachgerüttelt und dazu bewogen hat, meine Hausärztin aufzusuchen. Dass mein Selbst immer mehr verschwindet, ich immer weniger Kontakt zu mir habe, hatte sich in meinem Körper manifestiert, nur das ist zunächst für mich sichtbar gewesen. Dass meine Seele schreit, sich quasi die Seele aus dem Leib schreit, ist mir zu diesem Zeitpunkt nicht bewusst, immer noch taub auf beiden Ohren. Es ist für mich logisch und nachvollziehbar und daher für mich die Wahrheit, dass meine schlechte körperliche Verfassung ein Ergebnis von Überarbeitung ist. 2010 bin ich in ein junges, dynamisches Unternehmen gewechselt, mit tollem Team-Spirit, international ausgerichtet, erfolgreich. Ich bin gefordert und gleichermaßen gefördert worden, sowohl in Fach- als auch Führungsverantwortung. Nur irgendwann haben diese Faktoren ihren schönen Schein verloren. Überstunden, Schicht-Dienst, Rufbereitschaft, Wochenend- und Feiertagsarbeit haben im Verlauf der Jahre das Gleichgewicht verschoben, die Teilnahme am sozialen Leben ist dabei unter anderem auf der Strecke geblieben. Höher, schneller, weiter im übertragenen Sinne als Unternehmensphilosophie hat mich aufgezehrt, nicht zuletzt, weil ich es zugelassen habe, weil der Funktionieren-Modus auch in einer gewissen Weise bequem gewesen ist, eine Ablenkung. Damals, mich im Hamsterrad beziehungsweise Tunnel befindend, habe ich das noch nicht sehen, geschweige denn reflektieren können.

Ungefähr vier Monate nach dem 1. Gang zur Hausärztin und zwischenzeitlichem Wechsel zum Facharzt ist der Antritt einer ganztägig-ambulanten psychosomatischen Rehabilitationsmaßnahme der nächstfolgende Schritt, für mich zumindest. Vom Grundgerüst her erst mal so, als würde ich zur Arbeit gehen (nur ohne Überstunden) – morgens das Haus verlassen, um circa gegen 8 Uhr vor Ort zu sein, „Feierabend“ gehen 15, 16 Uhr. Tagsüber ein sich Einstellen und Einlassen auf unterschiedliche Arbeitsgruppen und damit auch Menschen. Zwar gibt es in meiner „Lila Gruppe“ auch einen festen Kern an Reha-Mitstreitern, durch unterschiedliche Therapieansätze ist man aber auch immer mal wieder mit anderen Gruppen zusammengewürfelt und lernt dadurch unterschiedlichste Krankheitsbilder und Charaktere kennen. Sechs Wochen lang ein Wechsel zwischen interaktionellen Gruppentherapien, Arztgesprächen, verhaltenstherapeutisch orientierten Einzelgesprächen, Sport, Ergo- und Physiotherapie. Doch was ist an effektiv 30 Behandlungstagen an Heilung überhaupt möglich? Lässt der straff durchgetaktete Zeitplan eines auf Rehabilitationsmaßnahmen ausgerichteten, wirtschaftlich handelnden Gesundheitszentrums Individualität und Tiefe zu? Ist es nicht vielmehr nur ein Auf- und Anreißen von Themen? So habe ich es zumindest empfunden. Verunsichert und mit dem Fokus auf mein Thema der beruflichen (Selbst-)Überforderung bin ich in die Reha gestartet, herausgekommen bin ich mit der immer noch bestehenden Verunsicherung, wie es im Job weitergehen wird UND der Vorahnung, noch einen weiten Weg zu meinem wirklichen Ich vor mir zu haben. Entlassung mit Abschlussbefund: „Mittelgradig depressive Episode bei psychosozialen Belastungsfaktoren im beruflichen Umfeld, empfohlene Weiterbehandlung im Sinne einer ambulanten Psychotherapie mit möglichst traumatherapeutischem Ansatz." Dann sattle ich mal das Pferd und reite dem Sonnenuntergang, ähm der nächstbesten tiefenpsychologischen Psychotherapie-Praxis entgegen.

Nun hört sich der Reha-Abschlussbefund nach Ende an, zumindest in Bezug auf den Bereich, wofür die Deutsche Rentenversicherung die Kosten übernimmt, damit die Arbeitskraft wiederhergestellt werden kann. Aber leider wird es an dieser Stelle noch nichts mit dem finalen Online-Stößchen und somit dem Projekt-Abschluss, denn ich bin noch weit entfernt vom Projekt-Ende. Auch ist sicherlich nachvollziehbar, dass der eingangs erwähnte Postkartenspruch und damit der Blick auf einen Projekt-Zyklus doch vielleicht etwas unzutreffend ist, in dem Sinne, dass die Entwicklung eines Menschen nicht abschließbar ist beziehungsweise sein sollte. Es ist vielmehr ein fortwährender lebenslanger Prozess. Diese nicht gewollte "Auszeit", wenn ich meinen Burn-out mal so etwas verharmlosend nennen möchte, war und ist wie eine Blume, von der ich nicht gedacht hätte, dass sie in meinem Strauß der Erfahrungen dabei sein würde. Im Nachhinein entpuppt sie sich jedoch in der Tat als schön und wertvoll. Und ganz klar, wo Licht ist, ist auch Schatten. Doch ich begegne wieder mutiger und mit wachsender Neugier dieser bunten Wundertüte genannt Leben, wohlwissend, dass ich mich weiterhin auf meiner Aufarbeitungs-Reise befinde. Der Weg ist das Ziel, so abgedroschen dieser Spruch mittlerweile auch klingen mag. Wie eine Weltreise, die man im Außen unternimmt, ist die Reise nach innen ein ebensolches Abenteuer, und sogar eines, das niemals wirklich endet.

„Nach Innen geht der geheimnisvolle Weg. In uns, oder nirgends ist die Ewigkeit mit ihren Welten, die Vergangenheit und Zukunft. [...] Jetzt scheint es uns freilich innerlich so dunkel, einsam, gestaltlos, aber wie ganz anders wird es uns dünken, wenn diese Verfinsterung vorbei, und der Schattenkörper hinweggerückt ist."
Novalis

Lessons Learned

Nun ist es so weit, gehen wir den gewonnenen Erkenntnissen oder Erfahrungen, die sich während der Entstehung sowie Nachbetrachtung von Sandy 1.0 (gegebenenfalls auch allen Folge-Versionen) gezeigt haben, auf den Grund.

Lessons Learned - über Adoption

„Die Schwierigkeiten des Adoptierten beginnen mit der Krise einer ressourcenarmen, schwangeren Frau auf der einen Seite und den Adoptiveltern auf der anderen Seite. Beide Elternpaare erleben ein emotionales Trauma einhergehend mit der Entscheidung, ein Kind zur Adoption freizugeben bzw. zu adoptieren. Im Mittelpunkt dessen stehen die ungelösten Probleme, die weiterhin ihr Leben und das Leben des Adoptierten beeinflussen werden.“ Soll (2014, Deutsche Übersetzung) ‚Heilungsprozess für Adoptierte‘, S. 2

„Es kommt häufig vor, dass Adoptierte sich über jegliche Gefühle ihrer Adoption nicht bewusst sind oder vielleicht nur über ein Gefühl der Unruhe bewusst sind. Gefühllos zu sein, ist ein Weg Schmerz zu vermeiden.“

Soll (2014, Deutsche Übersetzung) ‚Heilungsprozess für Adoptierte', S. 141

Mich hat mein Trauma, welches ich sehr lange nicht als solches gesehen und anerkannt habe, in Wellen getroffen. Mit Anfang 20 habe ich mich zwar getraut, mit der Wurzelsuche zu beginnen, habe jedoch nicht tief genug die Vergangenheit beleuchtet, mich zu schnell zufriedengegeben, zu leicht ablenken lassen. Mit knapp 40 Lebensjahren hat es sich über den Umweg des beruflichen Burn-outs einen zweiten Zugang zu mir verschafft. Wird es in ungefähr 20 Jahren also eine 3. Welle geben, mit 80 eine vierte? Liegt es an Hormonumstellungen des Körpers, an allgemeinen Sinnkrisen? Findet sich innerer Frieden nur, wenn man ALLES herausgefunden hat? Was ist aber dieses ALLES?

Manchmal fühlt es sich für mich so an, Teil einer Kriminalgeschichte zu sein, Sherlock Holmes für Arme, um das Motiv zu finden. Zeitzeugen-Befragungen, Indizien sammeln, die mit genug Recherche zu Beweisen werden. Aber erzeugt jede neue Information nicht auch wieder neue Fragezeichen? Machen die Informationen das Bild klarer oder eher wieder undurchdringlicher? Was ist die Wahrheit? Wann kann der „Fall“ zu den Akten gelegt werden? Wird er jemals aufgeklärt werden können oder für immer unabgeschlossen sein, ein sogenannter cold case? Ehrlich gesagt, ich weiß es nicht. Ich wünschte, dieses Grundrauschen, als würde ich in einem Trafohäuschen sitzen, würde irgendwann ganz verschwinden. Aber kann es das überhaupt? Ist es nicht so tief in mir verwurzelt und verbunden, wie ich es damals über die Nabelschnur mit meiner Mutter gewesen bin? Finde ich zumindest zu einer Art von innerem Frieden zurück, wenn ich es schaffe, dass sich diese Unruhe weniger nach Alarmbereitschaft anfühlt, sondern mehr nach einem aufmerksamen Begleiter aus Kindertagen, der mir nichts Böses will, den ich jetzt endlich wirklich sehe und verstehe, warum er da ist? Wenn ich zurückblicke auf die letzten vier Jahre, kann ich mir zumindest nicht vorwerfen, untätig gewesen zu sein, im Gegenteil. Ich bin erneut mutig gewesen und habe in viele Richtungen meine Fühler ausgestreckt. Was heißt das genau?

– Den ersten psychologischen Einzelgesprächen im Rahmen der Reha 2018 haben sich bisher drei ambulante Gesprächstherapien angeschlossen, mit tiefenpsychologischem Schwerpunkt in Hinblick auf die Trauma-Aufarbeitung.

– Ich habe ehemalige Schulfreundinnen meiner leiblichen Mutter sowie auch eine ehemalige Lebensgefährtin von ihr ausfindig machen können. Die Gespräche und teilweise persönlichen Treffen mit ihnen haben dazu beigetragen, den Nebel zu lichten. Ihre Erinnerungen und Erzählungen verleihen meiner Mutter mehr Kontur, als Mensch, als Mutter. Gefällt mir diese Kontur? Bin ich zufrieden oder enttäuscht, hat es bestätigt oder widerlegt, was ich vermutet habe? Es sind zunächst erst mal einfach nur Fakten, Erzählungen von Personen, die meine Mutter als Kind, als Jugendliche, als junge Frau erlebt haben. Doch so neutral die reine Informationsebene auch sein mag, auf der darunterliegenden emotionalen Ebene ist der eine oder andere unangenehme Piks dabei gewesen, das gebe ich zu. Jedoch betrachte ich die Informationen aus der Hand beziehungsweise dem Mund Dritter mit einer gewissen Distanz, vielleicht auch Skepsis, damit der Piks ein Piks bleibt und nicht zu einer tiefergehenden Verletzung mutiert.

– Mit meiner leiblichen Tante habe ich ebenfalls das Gespräch gesucht, anders, intensiver als in der Vergangenheit. Ich habe das eine oder andere noch einmal hinterfragt, auch zum Leben und Sein der Großeltern mütterlicherseits.

– Ich habe den Versuch unternommen, auch zur väterlichen Seite meiner Herkunft Kontakte und Verbindungen zu knüpfen, und dies ist mir auch erfreulicherweise gelungen.
Dass ich zwei Halbgeschwister habe, beide jünger als ich, weiß ich seit 2004. Dies war ein Teilergebnis der damaligen Jugendamtssuche. Es hat jedoch bis Oktober 2020 gedauert, bis wir tatsächlich zueinander gefunden haben. Gut Ding will eben Weile haben! Sicher, ich gebe zu, dass ich traurig darüber bin, dass es nicht schon viel eher dazu gekommen ist, dass wir uns dadurch ein erhebliches Stück an Lebensweg nicht begleitet haben. Rückblickend betrachtet bin ich jedoch der Überzeugung, dass es 2004 einfach nicht der richtige Augenblick gewesen wäre, um verlässliche Geschwisterbande knüpfen zu können. Umso dankbarer bin ich, wie es sich jetzt gestaltet, anfühlt. Wir schreiben beziehungsweise hören uns regelmäßig, nehmen gegenseitig teil am Leben und Alltag des anderen. Im Sommer 2021 habe ich sie in ihrer Heimat besucht und somit das 1. Mal in Persona treffen können. Aufgeregt wie vor einem 1. Date bin ich gewesen! Was ziehe ich an, sitzt die Frisur? Was soll ich nur erzählen, werde ich nur Blödsinn stammeln? Alle Fragen und Bedenken im Vorfeld sind unnötig gewesen, denn unser Aufeinandertreffen ist völlig entspannt, entkrampft,

locker, angenehm vertraut. Es hat zudem die Erkenntnis zu Tage gefördert, dass wir uns in der Tat ein wenig ähnlich sind, äußerlich, insbesondere von der Mimik her, wir teilen auch Interessen und Hobbys, verrückt. Es gibt noch ein weiteres Geschwisterkind im Bunde, wir sind also ein Quartett. Es ist ebenfalls jünger als ich, aktuell haben wir jedoch keinen direkten Kontakt.
Das uns genetisch verbindende „Element", unser Vater, ist seit Ende 2021 wieder in mein Leben getreten beziehungsweise ich in seines. Wir nähern uns vorsichtig an, stehen in Austausch. Ich bin gespannt, wie und zu was sich unser Verhältnis entwickeln wird.

– Meine Adoptiv-Eltern und ich, wir bemühen uns, dem Sprechen über DAS Thema mehr beziehungsweise überhaupt Raum zu geben. Nach wie vor ist da eine, vielleicht auch falsche, gegenseitige Rücksichtnahme, keiner will den anderen verletzen. Zumindest glaubt jede Seite, es zu tun, wenn das Thema unterm Teppich hervor und auf den Tisch gebracht werden würde. Irgendwie immer noch schwere Kost. Dennoch haben wir es mittlerweile geschafft, vereinzelt kurze Gespräche darüber zu führen, uns damit dem anderen zu öffnen. Es braucht seine Zeit, über Jahre gelebte Verhaltensmuster zu durchbrechen, die Scheu und wohl vielmehr die Scham zu verlieren, um über die Geschehnisse von damals sowie die „andere“ Familie sprechen zu können.

– Nachdem ich 2004 bereits Auskunft aus meiner Adoptions-Akte erhalten habe, deren Umfang nicht wirklich ergiebig gewesen ist, bin ich 2019 noch einmal auf das zuständige Jugendamt zugegangen, um dieses Mal direkte Einsicht in die Adoptions-Akte zu beantragen. Warum das Ganze? So genau kann ich das gar nicht beantworten. Vielleicht habe ich gehofft, dass noch etwas entdeckt wird, was 2004 übersehen oder mir damals nicht mitgeteilt worden ist, aus welchen Gründen auch immer. Eine Zeit lang hat mich die Frage im Griff gehabt, ob es in meinem Fall auch eine Art Zwangsadoption beziehungsweise Adoption aus Willkür gewesen sein könnte. Nicht wegen politischer Delikte oder Staatsverleumdung seitens meiner Mutter, sondern in Bezug auf §249 StGB der DDR – „Gefährdung der öffentlichen Ordnung durch asoziales Verhalten“. Erfüllt sie nicht genau alle Merkmale für ein sozial unerwünschtes Verhalten in der damaligen DDR? Alleinerziehend, sogenannte Arbeitsbummelei (dies steht so 1:1 in der Adoptionsakte), dem Alkohol zusprechend, bi- beziehungsweise homosexuell, Letzteres gegebenenfalls auch in der Öffentlichkeit zeigend.

Auch wenn keine strafrechtliche Verurteilung erfolgt ist, sind vielleicht anderweitige Strafmaßnahmen oder Maßnahmen zur individuellen Bestrafung ergriffen worden, zum Beispiel durch die Wegnahme ihres Kindes? In der Akte selbst findet sich hierzu kein Hinweis, würde es diesen dort aber überhaupt geben? Wäre es in solch einem Fall nicht sowieso eine „geschönte" Akte, die die wahren Umstände verschleiert? Es gibt auch keine Hinweise auf Vernachlässigung über einen längeren Zeitraum. Die sogenannte Erziehungs-Hilfeakte, die eben genau das dokumentiert als Ergänzung zur Adoptions-Akte, gibt es in meinem Fall nicht oder nicht mehr. Somit bleibt tatsächlich nur ein schmaler roter Schnellhefter aus Karton übrig, mit meinem Namen und einer Blättersammlung an Bürokratie. Die wahren Hintergründe, bezeugt von der Haupt-Protagonistin, meiner leiblichen Mutter, werde ich nicht mehr herausfinden können, damit muss ich einfach leben. Der Umstand, diesen roten Hefter einmal wirklich physisch vor mir liegen zu sehen, ihn gemeinsam mit der Sachbearbeiterin durchzublättern, auch wenn vieles abgedeckt beziehungsweise geschwärzt ist aus Datenschutzgründen, hat dennoch einen seltsam heilenden Effekt auf mich gehabt.

– Diesen positiven Effekt erlebe ich auch in und mit der Selbsthilfegruppen-Arbeit. In Ermangelung einer aktiven Gruppe zum Thema Adoption in meinem Wohnort bin ich zunächst auf andere Städte ausgewichen, um an solch einem Treffen teilnehmen zu können, klischeehaft auch Stuhlkreis genannt. In der realen Welt das erste Mal anderen „Betroffenen“ zu begegnen, diesen Schritt zu wagen, sich zu zeigen und zu öffnen, darüber zu sprechen, worüber in meinem Leben so lange geschwiegen worden ist, hat mein Leben, hat mich positiv verändert. Es ist Bereicherung und Impulsgeber gleichermaßen. Dies hat mich auch dazu veranlasst, für meinen Wohnort eine eigene Selbsthilfegruppe ins Leben zu rufen. Mit etwas Ausdauer und Geduld sowie der kompetenten Unterstützung der zuständigen Sozialarbeiterinnen ist diese auch zustande gekommen. Seit März 2021 treffen wir uns regelmäßig, je nach Corona-Wetterlage in Präsenz oder online. Wir sind eine gemischte Truppe, sowohl von der Altersspanne als auch von der jeweiligen Adoptionsgeschichte her, die aber eines eint – der Wunsch, sich über dieses Lebensereignis und dessen Folgen auszutauschen. Es geht darum, Zuhörer zu finden oder manchmal auch einfach nur selbst Zuhörer zu sein. Jeder kann, keiner muss sprechen an solch einem Abend. Trotz Individualität finden wir uns vom Grundgefühl her auf demselben Nenner wieder, was wiederum dasselbe Grundverständnis schafft. Ich persönlich gehe immer mit einem inneren Lächeln, einem Gefühl von Frieden aus den Treffen, ganz gleich, wie emotional aufwühlend oder anstrengend es die anderthalb bis zwei Stunden vorher gewesen ist.

– Um meine Zeit in der DDR-Wochenkrippe näher zu beleuchten, mehr über den Ablauf und das Konzept sowie dessen praktische Umsetzung zu erfahren, habe ich nach ehemaligen Erzieherinnen sowie der Leiterin der Einrichtung gesucht. Die Gesamteinschätzung pro Lebensquartal im bereits erwähnten Entwicklungsbogen ist von der jeweiligen Erzieherin/Leiterin unterzeichnet worden, sodass ich anhand der Unterschriften den Nachnamen habe lesen, handschriftbedingt teilweise aber auch nur erahnen können. Nichtsdestotrotz haben diese spärlichen Informationen letztlich dazu beigetragen, dass meine Suchaushänge erfolgreich gewesen sind und ein Kontakt zustande gekommen ist – zur ehemaligen Leiterin sowie zu „meiner" Erzieherin. Bei eben dieser bin ich als Kind auch teilweise am Wochenende gewesen, wenn mich entweder meine leibliche Mutter nicht aus der Krippe abgeholt oder sie es der Erzieherin erlaubt hat, dass ich das Wochenende dort verbringe. Diese Erzieherin habe ich 2021 auch persönlich getroffen, in der Zeit, als ich meine Halbgeschwister im Südwesten des Landes besucht habe, sie wohnt nämlich nur circa 30 Kilometer von ihnen entfernt. Zufälle gibt's, die gibt es gar nicht. Zusätzlich zu dieser Personensuche habe ich auch auf anderen Wegen und Kanälen zum Thema Wochenkrippe recherchiert, habe an Online-Treffen von ehemaligen Wochenkrippenkindern teilgenommen, um mit ihnen über ihre und meine Erinnerungen und eventuellen Folgen des dort Erlebten – aus Sicht des Kindes – zu sprechen.

– Nach dem 1. Besuch am Grab meiner leiblichen Mutter im Jahr 2004 bin ich seitdem noch ein paar Mal dort gewesen. Es ist ein Urnengrab, ohne Grabstein oder Grabplatte, sowohl sie als auch meine Großeltern haben dort ihre letzte Ruhe gefunden. Die Besuche sind jeweils nicht hochmelodramatisch gewesen, ich bin nicht – von der Trauer überwältigt – am Grab zusammengebrochen. Auch ist mir ihr Geist nicht erschienen, um ein Zwiegespräch zu führen. Es ist dennoch ein Ort, der mir geholfen hat, gewisse Fragen an meine Mutter loszuwerden. Anfangs habe ich sie am Grab stehend tatsächlich gestellt, in der Hoffnung, dass mir das Blätterrauschen die Antworten zuflüstert. Da dies das Universum nicht vorgesehen hat oder ich es vielleicht auch nur nicht wahrgenommen habe im entscheidenden Moment, habe ich die Fragen irgendwann am Grab verbrannt. Sprich, ich habe sie auf einen Zettel geschrieben, zusammen mit Worten, die ich ihr gern gesagt hätte, wenn es zu einem Wiedersehen gekommen wäre, und habe sie dann in einer kleinen Schale liegend den Flammen übergeben. Die Asche ist dort geblieben, mittlerweile vom Winde verweht. Und dennoch hat es mir geholfen. Das Verbrennen, dessen orange-gelbe Flamme ich mit meinen eigenen Augen gesehen habe, die Verwandlung des Papiers in Kohlenstoff, die ich habe riechen können, beides hat seinen Teil dazu beigetragen, dass die bohrenden Fragen tatsächlich aus meinem Herzen und Kopf verschwunden sind.

Es sind also alles Aktivitäten gewesen, die greifbar sind, die ich proaktiv angegangen bin, aus eigenem Antrieb heraus, um jedes Mal ein weiteres Puzzle-Stück meiner Geschichte herauszufinden und damit den Weg zurück zu mir. Reale Gespräche, bei denen ich den Menschen ins Gesicht sehen und/oder zumindest ihre Stimme hören konnte, um besser abwägen zu können, wie hoch der Wahrheitsgehalt ihrer Worte ist, sind immens wichtig für mich gewesen. Hilfestellung, ob professionell oder im Sinne des Erfahrungsaustauschs mit anderen Betroffenen, das sind für mich passende Werkzeuge, die mich auch in Zukunft begleiten werden.

Fragt man 100 adoptierte Erwachsene, erhält man, so befürchte ich, 100 verschiedene Antworten und Ansichten, wie richtigerweise mit dem Thema Adoption umgegangen werden sollte. Und alle sind auf ihre Art als richtig zu betrachten, da jede Adoptionsgeschichte höchst individuell ist. Zum Beispiel der Streitpunkt, wann der richtige Zeitpunkt ist, dem betroffenen Kind zu erzählen, dass es adoptiert ist. Wie gestaltet man solch ein Gespräch, wie oft führt man es? Wie werden zukünftige Adoptiv-Eltern auf das Elternsein und die besonderen Umstände vorbereitet? Wie und durch wen werden sie während des Heranwachsens des Kindes begleitet, um in Konfliktsituationen in kindgerechter sowie angebrachter Weise zu agieren und zu reagieren? Welche Rolle können und dürfen die leiblichen Eltern nach der Weggabe des Kindes spielen? Wer entscheidet, was dem Kind zumutbar ist? Wie verhindert man die innere Zerrissenheit des Kindes, die entstehen kann und in den meisten Fällen sicherlich auch entstehen wird? Eine Zerrissenheit begründet in dem Balance-Akt zwischen Dankbarkeit und Loyalität für die Adoptiv-Familie auf der einen Seite, Neugier und nicht nur genetische Verbundenheit zur leiblichen Familie auf der anderen? Das am 1. April 2021 in Kraft getretene neue Adoptionshilfe-Gesetz soll genau hierzu ein Leitfaden sein, ein gesetzlich verankerter Rahmen, unter Berücksichtigung der Erkenntnisse aus der Adoptionsforschung. Es bleibt zu wünschen, dass dies in der Praxis wirklich Anwendung findet, insbesondere die Aufklärung und Förderung eines in vielerlei Hinsicht offenen Umgangs mit der Thematik Adoption.

Wenngleich ich mittlerweile für mich ein versöhnliches Resümee in Bezug auf mein Adoptiert-Sein ziehen kann, möchte ich an dieser Stelle Joe Soll zitieren, denn die Auflistung der folgenden Aussagen im Anhang A seines Buches ‚Heilungsprozess für Adoptierte' hätte ich nicht treffender zusammenfassen können:

Was Adoptierte nicht hören möchten

1. Du bist besonders, weil du adoptiert bist.
2. Du wurdest auserwählt.
3. Deine leibliche Mutter liebt dich so sehr, dass sie dich zur Adoption freigegeben hat.
4. Du hast Glück gehabt.
5. Es macht nichts.
6. Du solltest nicht wütend sein.
7. Du solltest nicht traurig sein.
8. Du solltest aufpassen, wonach du fragst – es kann sein, dass du Antworten bekommst, die dir nicht gefallen.
9. Indem du sie findest, dringst du in ihr Leben ein.
10. Wieso interessierst du dich für jemanden, der dich nicht wollte?
11. Warum willst du jemanden finden, den du nie gekannt hast?
12. Seitdem du mit der Suche angefangen hast, bist du besessen davon.
13. Aber deine Adoptiveltern lieb(t)en dich so sehr.
14. Aber du verletzt deine Adoptiveltern.
15. Babys erinnern nichts.
16. Du bist undankbar.

17. Du hast keinen Respekt für deine Adoptiveltern.
18. Komm darüber hinweg!
19. Wenn sie dich geliebt hätte, hätte sie dich nicht weggegeben.
20. Du bist übersensibel.
21. Vergiss es und leb dein Leben.
22. Warum willst du sie überhaupt finden?
23. Es ist Vergangenheit, du kannst es nicht ändern.
24. Du hast kein Recht, ihr Leben zu stören.
25. Aber deine Adoptiveltern wollten dich wirklich.
26. Wo ist das Problem? Waren deine Adoptiveltern nicht gut genug?
27. Du bist egoistisch und respektlos!
28. Haben es deine Adoptiveltern nicht gut genug gemacht?
29. Wie viele Mütter brauchst du noch?
30. Oh … du bist eine/einer von denen?
31. Ihr Adoptivkinder solltet ihre Privatsphäre respektieren.
32. Aber du siehst aus, als kämest du aus so einer guten Familie.
33. Aber du siehst gar nicht adoptiert aus.
34. Nun ja, vielleicht hat es so sollen sein.
35. Wenn sie dich damals nicht wollte, warum sollte sie dich jetzt wollen?

36. Es kann sein, dass du die Büchse der Pandora öffnest. (Wenn man die Büchse öffnet und die Dämonen heraus lässt, bleibt nur Hoffnung übrig.)

Die Sicht auf die leiblichen Eltern sowie Adoptiv-Eltern findet in seinem Buch ebenfalls eine berechtigte Würdigung, welche in der Betrachtung des Beziehungsdreiecks Adoption meiner Meinung nach unerlässlich ist, um ein tiefergehendes Verständnis für alle Seiten zu erzeugen.

Lessons Learned – über meine leiblichen sowie Adoptiv-Eltern

Ich empfinde Respekt und Wertschätzung meinen beiden Eltern-Paaren gegenüber. Vier verletzte Kinder-Seelen, die aus unterschiedlichen Gründen heraus zu einem bestimmten Zeitpunkt selbst Eltern geworden sind. Nach der sicherlich nicht abschließenden Beleuchtung der jeweiligen Familiengeschichte bin ich der Meinung, dass die sogenannte transgenerationale Weitergabe von Traumata, sprich die Weitergabe über Generation hinweg, bei meinen beiden Eltern-Paaren eine Rolle gespielt hat und somit letztlich auch mich beeinflusst. Dies ist für mich eine augenscheinliche Tatsache, aber kein Vorwurf an sie. Es ist vielmehr ein Ansatz, um zu verstehen, warum wer, wann, wo, wie gehandelt hat. Sie und ich tragen einen gewissen Ballast in und mit uns, der nicht selbst gemacht ist, mit dem wir aber irgendwie umgehen mussten und immer noch müssen. Und er erzeugt wiederkehrende Muster, Verhaltensweisen, ja sogar Krankheiten über Generationen hinweg. Es ist an jedem selbst, sich damit auseinanderzusetzen, wirklich hinzuschauen, ehrlich mit sich zu sein, anzuerkennen, wer man ist und warum.

Es gibt meinerseits kein Abwägen zwischen den Familien, kein Vergleichen, um am Ende eine Art Schulnote vergeben zu können. Ich bin Teil von beiden Familiensystemen und damit auch ihrer jeweiligen Prägung. Sicher, mein Aufenthalt in meiner Herkunftsfamilie, das dort wirklich gemeinsam Erlebte, gleicht zeitlich gesehen eher einem Wimpernschlag. Dennoch ist diese Zeitspanne tief in mir verwurzelt, und ich habe meinem Empfinden nach ein Anrecht darauf, diese Wurzeln zu reflektieren, zu beleuchten. Dies schmälert nicht den Wert meines Lebens in und mit meiner Adoptiv-Familie, im Gegenteil, ich empfinde es als Bereicherung.

Lessons Learned – über mich

Viele Jahre habe ich ein Schuldgefühl mit mir herumgetragen, das der zu späten Suche nach meiner leiblichen Mutter. Dass ich darauf mittlerweile eine andere Sicht habe, verdanke ich der damaligen Chefärztin im Fachbereich Psychosomatik der ambulanten Reha im Jahr 2018. Nicht Schuld beziehungsweise ein mir selbst auferlegtes Schuldgefühl sollte der Ansatzpunkt sein, um zu verstehen, weshalb meine Seele manchmal noch durch einen grauen Schleier hindurchblickt, sondern vielmehr (unverarbeitete) Trauer. Denn letztlich trauere ich noch immer um die vertane Chance, dass wir uns hätten neu kennenlernen und was daraus hätte entstehen können, wenn ich gleich mit Eintritt meiner Volljährigkeit nach meiner leiblichen Mutter gesucht hätte, denn zu diesem Zeitpunkt hat sie noch gelebt.

„Man sollte viel öfters einen Mutausbruch haben.“ Mit 18 hatte ich ihn damals leider nicht. Ein Wiedersehen, eine Begegnung mit ihr ist daher ein unerfüllter Herzenswunsch, der bleibt, bis der Vorhang fällt. Sehnsucht und Liebe schwingen in diesem Wunsch mit. Wut darüber, damals als Kind von ihr verlassen worden zu sein, mischt sich nicht mit in

die Gefühlspalette, vielleicht ist diese Nuance noch zu tief verschlossen.
Die Trauer über die nicht stattgefundene Begegnung mit ihr in meinem Erwachsenen-Alter ist die eine Seite der Medaille, die andere trägt die Trauer über den Verlust an sich. Ich habe meine Mutter zum Zeitpunkt der Freigabe zur Adoption das 1. Mal verloren, das 2. Mal, als mir die Nachricht über ihren Tod übermittelt worden ist. In beiden Situationen ist kein Abschied möglich gewesen – mit knapp drei Jahren ist für mich nicht fassbar gewesen, dass es ein Abschied (für immer) ist, mit Mitte zwanzig habe ich mich der Verdrängung zugewandt, um eine Trauerarbeit zu umgehen. Unter der Kategorisierung Schuld ist es für mich, ob bewusst oder unbewusst gewählt, damals leichter zu ertragen gewesen, denn mein inneres System ist zu diesem Zeitpunkt mit der Wurzelsuche und dem parallelen Coming-out mehr als ausgelastet. Ein weiteres „Darum solltest du dich jetzt aber bitte kümmern!“ hätte vermutlich von der Auslastung zur vollständigen Überlastung und somit zum Crash geführt. Und ich bin nicht sicher, ob ein längeres Drücken des Power-Knopfes, ein Kaltstart wie bei einem festgefahrenen PC, mein System hätte wieder zum Laufen bringen können.

In der Aufarbeitung „meines Themas“, während des Lesens von (Fach-) Büchern, habe ich mich oft gefragt: „Was stimmt nicht mit mir?!“ In dem dort Ge- und Beschriebenen habe ich mich oft nicht wiederfinden können, denn in der Pubertät zum Beispiel habe ich nie vor dem Spiegel gestanden und überlegt, nach wem ich optisch wohl komme. Ich habe mir meine leibliche Familie nicht als schöner oder besser vorgestellt, sie aber auch nicht verteufelt. Ich habe mir nicht stundenlang den Kopf zermartert, wo sie leben, wie sie wohnen, ob es ihnen gutgeht, ob sie mich vermissen und vielleicht sogar nach mir suchen. Oft sind sie phasenweise auch gar nicht in meinen Gedanken gewesen. Auch habe ich früher nie so stark im ALF-Modus gedacht, sprich die Trennung nach **A**doptiv- und **l**eiblicher **F**amilie ist ein Phänomen der 2. Welle. Erst jetzt ergänze ich in Gesprächen häufig den Zusatz, über welche meiner beiden Familien ich gerade spreche, weil ich selbst im Kopf darüber stolpere beziehungsweise das Gefühl habe, es ergänzen zu müssen.

Ich mag gerade Zahlen, bilde aus ungeraden Zahlen ganz oft die Quersumme, in der Hoffnung, dass diese dann eine gerade Zahl ergibt, keine Ahnung warum, hm. Gerade Zahlen erscheinen für mich einfach schöner, wärmer.

Ich esse ungern mit Fingern, schon vor Corona ist häufiges Hände-Waschen für mich ein Muss, ich vermeide es, in Straßenbahnen die Haltestangen anzufassen, Türklinken im Allgemeinen. Nun könnte ich ergründen, ob diese beiden Ticks – mein Zahlenfetisch und die Türklinken-Phobie – eine tiefere Bedeutung haben, ob sie sich noch in einem gesunden Rahmen bewegen oder nicht, ich kann es aber auch einfach lassen. Zu telefonieren ist eher nicht so mein Ding, ich bin mehr der Schreiberling, was für eine Überraschung. Ich hasse es regelrecht, beim Friseur in den Spiegel zu schauen, mich anschauen zu müssen, wenn mich gleichzeitig eine andere Person sehen beziehungsweise beobachten kann. Ich kann gut mit mir allein sein, habe keine Verlustängste, bin aber auch definitiv beziehungsfähig. Mein persönlicher Super-GAU ist es, fremde Leute anzusprechen, um zum Beispiel auf unbekanntem Terrain nach dem Weg zu fragen. In solch einem Moment ist es, so glaube ich, die Angst vor Zurückweisung. Was könnte die fremde Person über mich denken … dass ich zu blöd bin, mich allein zurechtzufinden in Zeiten von Google Maps & Co.? Störe ich gegebenenfalls diese Person und verärgere sie damit? Aufgrund dessen würde ich mich lieber 3-mal im Kreis drehen, als auf fremde Hilfe angewiesen zu sein. In Gruppen fühle ich mich generell unwohl, bin eher die stille Beobachterin von der Seitenlinie aus, mag es absolut nicht, im Mittelpunkt zu stehen. Ich werde meist als kühl und distanziert wahrgenommen. Small Talk ist für mich obendrein ein Graus, und ich bin der Ansicht, dass ich dies auch nicht wirklich gut beherrsche. Paradoxerweise stelle ich mich aber auch dieser Scheu vor Menschen, indem ich Workshops/Seminare besuche, in denen es um Gruppenarbeit, also Interaktion mit zunächst in der Regel fremden Personen geht. In der Partnerschaft nehme ich vieles zu oft persönlich, das heißt, ich fühle mich oft und schnell persönlich angegriffen, ohne berechtigten Grund. Recht zu haben im Sinne, dass ich mein Tun oft rechtfertigen will, gibt mir eine gewisse Art von Sicherheit, sehr zum Leidwesen meiner Frau. Ich bin mitunter frech, zickig, aber auch fürsorglich und schlagfertig. In Gesprächen mit Freunden, mit mir also wirklich am Herzen liegenden Personen, fühle ich mich oft phasenweise wie abgeschnitten – ich bin dabei, aber auch irgendwie nicht. Auf einen Schlag höre ich dann alles wie durch eine Schallschutz-Trennwand. Das liegt nicht am Gesprächsthema oder den mich umgebenden Menschen in dem Moment. Dieser Zustand vergeht dann meist nach ein paar Minuten. Bis jetzt kann ich noch nicht wirklich ausmachen, was Auslöser für das „Weggehen“ beziehungsweise „Wiederkommen“ ist. Wenn mir bewusst ist, dass es mal wieder passiert ist, versuche ich, es nachzubetrachten, auch mit Unterstützung meiner Therapeutin, um das Warum nach und nach zu ergründen. Als harmoniebedürftig könnte man mich sicher auch bezeichnen, ich vermeide daher Konflikte jeder Art. Wie gelingt das? Indem ich sage, was andere hören wollen. Das heißt nicht, dass ich keine eigene Meinung habe, jedoch äußere beziehungsweise vertrete ich sie oftmals nicht klar genug nach außen, um ein Anecken zu vermeiden.

Im Gegensatz zur bereits erwähnten Liebe zu Ballsportarten wie Fußball, Tischtennis, Golf, Beach-Volleyball sowie einer gewissen Grundsportlichkeit bin ich höchst talentfrei, wenn es um Körperkoordination geht. Im Hinblick auf Pilates, Piloxing, Zumba & Co. bin ich der absolute Körper-Clown. Bei solchen Bewegungsabläufen geht mir das Körpergefühl völlig abhanden, gepaart mit einer ausgeprägten Rechts-Links-Schwäche. Hängt dieses verminderte Körpergespür damit zusammen, dass ich im frühen Kindesalter als Traumafolge irgendwann in den Kopf umgezogen bin? Klar, ich bin absolut verkopft, das ist mir nicht neu, ich denke viel nach und mache vieles mit mir selbst aus. Stoße ich mich aber so oft an

Rollcontainer- oder Tisch-Ecken beziehungsweise Gegenständen im Allgemeinen, da ich mir über die „Ausdehnung“ meines Körpers gar nicht bewusst bin? Ist mein Verkopftsein Ausdruck der fehlenden Verkörperung, weil ich nicht oder nicht vollständig in meinem Köperselbst angekommen bin als Baby? Dami Charf geht in ihrem Buch *Auch alte Wunden können heilen* unter anderem auf diese Fragestellung ein, ihre Ausführungen sind für mich sehr erhellend gewesen, sodass ich im Rahmen meiner 3. tiefenpsychologischen Begleitung darauf geachtet habe, dass die Therapeutin auch körperorientiert arbeitet. Es hilft mir sehr, wenn sie mir in der Therapie-Sitzung Rückmeldung gibt, was mein Körper anzeigt, während ich spreche, welche mitunter winzig kleinen Reaktionen er preisgibt, die ich bisher nie bewusst wahrgenommen habe. So kann ich dann in den Momenten nachspüren, was sich neben den zwingend notwendigen Körpervitalfunktionen noch so abspielt auf meinen Energieautobahnen zwischen Kopf und Fuß. Im besten Fall kann Trauma-Energie abfließen und ich somit eine Teelöffelgröße an dieser bisher unverarbeiteten Seelenlast verdauen, ein weiterer Muskelstrang von der An- in die Entspannung übergehen.

Ist meine sexuelle Orientierung beziehungsweise die Tendenz, mit wem ich aus Beziehungssicht mein Leben teilen möchte, durch die Umstände meiner ersten drei Lebensjahre beeinflusst worden? Ich denke schon. Die Bezugspersonen in dieser Zeit sind fast ausschließlich weiblich gewesen – Mutter, Großmutter, Schulfreundinnen meiner Mutter, die Erzieherinnen in der Wochenkrippe. Eine Vaterfigur oder andere dauerhafte männliche Bezugsperson in dieser Zeit, Fehlanzeige. Ich bin mir sicher, dass ich dadurch mit Weiblichkeit eine gewisse Vertrautheit, Geborgenheit assoziiere. Wenngleich sich Homosexualität nicht auf ein einzelnes Gen reduzieren lässt, bin ich der Überzeugung, dass auch genetische Faktoren einen Einfluss haben. Meine Mutter und ich teilen die gleiche sexuelle Präferenz, diese hat sich durch die Nabelschnur übertragen, "und das ist auch gut so!" Wowereit, (2001).

Es hat eine Zäsur in meinem Leben gegeben, das ist unbestreitbar. Im September 1981 haben meine leibliche Mutter, Behörden oder eben einfach das Schicksal entschieden, dass mein neues Zuhause bei meiner Adoptiv-Familie ist. Und es ist ein gutes Zuhause gewesen. Mein „kleiner" Opa – das Kleiner ist festgemacht an seiner Körpergröße – hat mich eifrig unterstützt beim Lesen-Üben. Er hat meine musikalische Grundbegabung gefördert, mit mir gemeinsam musiziert und auch Musikinstrumente für mich gebaut – meine erste Gitarre ist eine Eigenkreation aus Holz, Draht und einer Trabant-Radkappe als Klangkörper gewesen. „Wir hatten ja nüscht.“, damals, im Osten.

Meine „kleine“ Oma – sie ist ähnlich groß beziehungsweise eben klein wie mein kleiner Opa – hat mir oft meine Lieblingsspeisen gekocht, Milchreis und Grießbrei, mit Zucker und Zimt sowie zerlassener Butter als Topping. Ich habe oft bei ihr übernachtet, wir haben es uns dann gutgehen lassen, da ist auch schon mal das Tanzbein in der Küche geschwungen worden. Meine Adoptiv-Eltern haben trotz Beruf und Hausbau auch immer versucht, Familienzeit zu ermöglichen … Spieleabende, Fußballtraining auf der Wäsche-Wiese hinter der Scheune, Schneehöhlenbauen und Ski-Touren im Winter, Sommerurlaube an der Ostsee.

Darüber hinaus haben sie mir immer gesagt, und ich weiß, dass sie das ernst und absolut ehrlich meinen, dass ich *ihre* Tochter bin und sie stolz auf mich sind. Diese schönen Worte habe ich auch oft von meinem „großen“ Opa vernehmen dürfen. Großgewachsen ist er in der Tat gewesen, ein bis ins hohe Alter immer schick gekleideter Mann, mit Hemd, Hosenträger und Pullunder.

Meine Wochenkrippenzeit hat mir, so sehe ich es zumindest basierend auf den Fakten, die ich zusammentragen konnte, einen geregelten Tagesablauf und Aufmerksamkeit geschenkt. „Meine“ Erzieherin hat mich so in ihr Herz geschlossen, dass sie mich mehr als einmal am Wochenende mit zu sich nach Hause genommen und sogar darüber nachgedacht hat, mich zu adoptieren. Dies zu wissen und damit meinen Aufenthalt in der Wochenkrippe als etwas Nährendes betrachten zu können, ist sicherlich ein Glücksfall.

Das sind in Summe viele kleine, positiv wirkende Bausteine gewesen, die in meinen ersten Lebensjahren mein Innerstes im Gleichgewicht gehalten, Stabilität erzeugt haben, sodass mein Lebenshaus nicht eingestürzt ist. Dafür bin ich sehr dankbar.

Zurück in die Gegenwart

Der Indianer in mir

Ich sollte vielleicht einsehen, dass die Zeit, auf Bäume zu klettern, vorbei ist. Auch muss ich mich nicht mehr ungesattelt auf jedes Pferd schwingen. Falls ich doch diese Aktivitäten aus reiner Abenteuerlust und kindlicher Wildheit durchziehen möchte, wäre es ratsam, vorher noch einmal die private Unfallversicherung zu überprüfen, ob die Summe der Grundinvalidität stimmig dazu ist.

Losgelöst von rationalem Sicherheitsdenken kann ich dennoch meinen Indianer aus dem inneren Gefängnis befreien. Dieses Gefängnis ist sicher keine bewusste oder freiwillige Wahl gewesen. Verlassen und somit im Stich gelassen zu werden von meiner leiblichen Mutter, hat zweifelsohne verbrannte Erde hinterlassen. Der Indianer in mir ist also sehr wohl seelischem Schmerz begegnet, Schmerz, der immer noch in seinem und damit meinem Körper steckt und der irgendwo hin verbannt werden musste. Unser beider Herkunfts-Tipi ist in sehr frühen Jahren völlig unerwartet abgerissen und an einer fremden Stelle neu errichtet worden. Später hat am Lagerfeuer auch noch die Erkenntnis Platz genommen, dass die Familie am neuen Ort nicht die Herkunftsfamilie ist. All das ist Vergangenheit. Der Indianer in mir ist nicht allein, er ist Teil einer INNEREN Familie*, die immer dagewesen ist und immer da sein wird. Ich bin jetzt in der Lage, mich zu öffnen, zurück zu einer gewissen Verträumtheit zu gelangen, die nicht negativ ist, eher einer Art Leichtigkeit gleicht. [1]*

Ich kann im Garten meiner Seele wieder barfuß wandeln, im Herbst Blätterberge herumwirbeln. Mein Garten kann wieder erblühen nach Jahren gefühlloser Dürre. Die in mir naturgegebene, ursprüngliche Kraft sowie Freude am Leben ist bedeckt gewesen von Asche, die nun Schicht für Schicht abgetragen werden kann. Meine bisherigen Aha-Erlebnisse auf meiner Aufarbeitungs-Reise katapultieren mich in keine Experten-Liga, sie sind jedoch meine ganz persönlichen Fußstapfen auf dem

---

[1] *siehe Richard C. Schwartz ‚IFS Das System der inneren Familie‘

Pfad zu mehr Achtsamkeit und vor allen Dingen mehr Mitgefühl mir selbst gegenüber.

„Wir alle bestehen aus einer Mischung von Aggression und liebender Güte, von Gefühlslosigkeit und zärtlicher Großzügigkeit, von Kleinlichkeit und einem versöhnlichen offenen Geist. Wir haben keine starre, verlässliche, statische Identität, auf die jeder zeigen kann mit den Worten: „So bist du immer. Du bist immer gleich.“
Chödrön (2012) ‚Den Sprung wagen‘, S. 43

Der Zweck meiner Existenz

„Sobald ein Mensch weiß, warum er hier ist, warum er existiert, welchen Grund es dafür gibt, dass er am Leben ist, wird er den Wunsch haben, dem Sinn und Zweck seiner Existenz gerecht zu werden. Es ist so, als erkenne man auf einer Karte, wo ein Schatz versteckt ist. Sobald man die Markierung entdeckt hat, fällt es schwer, sie zu ignorieren und nicht nach dem Schatz zu suchen."
Strelecky (2007) ‚Das Café am Rande der Welt', S. 37

Ich möchte nun gern den Bogen zurück zu der am Anfang von mir aufgeworfenen Frage – Worin besteht der Sinn meines Lebens, wenn ich an sich nicht gewollt gewesen bin? – spannen. Der Sinn meines Lebens ist es, das Geschenk des Lebens anzunehmen und es wertzuschätzen. In Kontakt zu gehen mit mir selbst, meine Biografie aus dem Nebel hervorzuholen und dabei beide Seiten des Pendels zu akzeptieren – Freude und Schmerz. Damit verknüpft ist der positive Effekt, Muster im Familiensystem zu durchbrechen, sowohl in der Adoptiv- als auch in der leiblichen Familie. Kein Wir-kehren-das-mal-weiter-schön-unter-den-Teppich und heben beim Laufen die

Beine einfach etwas an, um nicht zu stürzen, weil das Gegenteil davon, das Sich-damit-wirklich-Auseinandersetzen, zu anstrengend, aufwühlend, zeitraubend oder was auch immer ist. Ein Tabu in etwas Sagbares transformieren, wodurch es seine Bedrohlichkeit verliert, das ist zu meinem inneren Antriebsmotor geworden, ökologisch wertvoll, da CO2-neutral.

Der Kontakt nach innen geht auch mit dem Kontakt nach außen einher. In Austausch zu gehen mit anderen, die ähnlich gefangen gewesen oder es noch immer sind, ist für mich pure Hilfe zur Selbsthilfe. Daher ist die bereits erwähnte Selbsthilfegruppe eine absolute Herzensangelegenheit für mich, sie schenkt mir persönlich so viel mehr, als ich es vorher für möglich gehalten hätte! Ein Stück beitragen zu können, dass es andere Betroffene vielleicht ähnlich schmerzlindernd empfinden, ist doppelter Balsam für meine Seele. Die Selbsthilfegruppen-Arbeit im Allgemeinen zu unterstützen, dieses Angebot transparenter zu machen, es aus der verstaubten Kaffee-Kränzchen-Ecke zu holen, wo man sich angeblich nur gegenseitig die Ohren volljammert sowie die Selbstmitleids-Taschen füllt, ist mir dabei ein ebenso wichtiges Anliegen. Dies kann ich seit einiger Zeit auch praktisch in die Tat umsetzen. Die entsprechend zuständige

Abteilung des Gesundheitsamtes meines Wohnortes hält zum Beispiel an Berufsfachschulen, insbesondere für zukünftige sozialpädagogische Fachkräfte, Vorträge zum Thema Selbsthilfe, erklärt das Wie, Wo und Warum. Ich für meinen Teil kann hier dann einen Einblick in das reale Innenleben einer Gruppe beisteuern, außerdem meine Erfahrungen in Zusammenhang mit der Gründung teilen. Ob der Besuch eines Selbsthilfegruppen-Treffens einen Mehrwert für einen persönlich hat, kann nur jeder selbst für sich beurteilen, aber dafür muss man zumindest ein Mal an solch einem Treffen teilgenommen haben, man muss gegebenenfalls Vorurteile beiseiteschieben, etwas Mut in die Hand nehmen und – wie so oft im Leben – sich darauf einlassen.

„[...] vielleicht sind alle Drachen unseres Lebens Prinzessinnen, die nur darauf warten, uns einmal schön und mutig zu sehen. Vielleicht ist alles Schreckliche im tiefsten Grunde das Hilflose, das von uns Hilfe will." Rilke (2019) ‚Briefe an einen jungen Dichter', S. 31

Ich für mich ziehe daraus den kostenlosen Gewinn einer Sinnhaftigkeit. Wenn ich mich wirklich zeige, mein Innerstes nach außen stülpe, die Scham ablege und mich nicht von der Angst vor Zurückweisung lähmen lasse, kann ich für andere ein aufrichtiger Zuhörer, ein Wegbegleiter sein, ehrlich zugewandt mit Verständnis und Empathie.

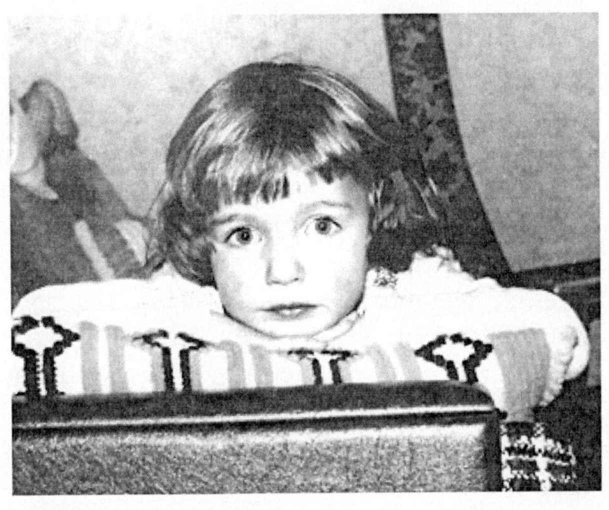

„Jeder Mensch sollte mit seinem Leben die Welt ein ganz klein wenig besser machen."
Rosemont & Gold (1980) ‚Der kleine Lord'

Tatsächlich ankommen

Meine eigene kleine Familie ist die Basis für den Freiraum, mich mit mir und meiner Lebensgeschichte beschäftigen zu können. Liebe, Geduld und Verständnis umgeben mich, was für ein unermesslicher Reichtum!

In meinem Oberstübchen hat bisher ständig eine innere Stimme gesabbelt, die Fakten gedreht und gewendet, um letztlich stellvertretend für mich entscheiden zu können, ob und wenn ja, wer sich schuldig gemacht hat, damals. Ob die Erfahrungen mit und aus Wochenkrippenzeit, Adoption sowie das Nicht-Sprechen über das Adoptiert-Sein gute oder schlechte Marker in meiner Vita sind. Ob *ich* damit gut oder schlecht bin.

Vor einigen Jahren, in meiner aktiven Fußballspielzeit, hat leider mein vorderes Kreuzband linksseitig dran glauben müssen. Das Ganze ist auf dem Spielfeld des Auswärts-Vereins ohne gegnerische Fremdeinwirkung passiert. Der Gegner ist in meinem Fall allein der Rasenzustand gewesen, diesen als Stoppelacker zu bezeichnen, ist noch geschmeichelt. Aber ja, mit Abstrichen muss man wohl leben, wenn man auf Stadtliga-Niveau unterwegs ist. Zurückgeblieben ist eine Narbe, äußerlich gut verheilt, das Stichmuster ist mittlerweile recht blass und damit unauffällig. Direkt unter der Haut fühlt sich das Narbengewebe weich an, ohne harte oder knubbelige Stellen. Es gibt jedoch diese eine kleine taube Stelle, bei der das Gefühl, wenn ich darüberstreiche, auch nach all den Jahren nicht wiedergekommen ist. Nervenverbindungen sind aus anatomischer Sicht unwiderruflich durchtrennt worden. So ähnlich ist es auch vielleicht mit meinem Herzen. Ein kleines Areal davon wird für immer taub bleiben, da es all die Verletzungen in sich trägt, weil ich erkennen musste, dass ich für den einen Menschen, für meine Mama, für die ich das Wichtigste auf der Welt hätte sein sollen, ab einem gewissen Zeitpunkt nicht mehr das Wichtigste gewesen bin. Und um von den mit dieser Erkenntnis einhergehenden Gefühlen nicht überwältigt zu werden, täuscht mein Herz partielle Gefühllosigkeit vor. An sich ein total cleverer Schachzug, oder?

Es ist mittlerweile nicht mehr lebensentscheidend für mich zu wissen, ob es eine Zwangsadoption gewesen ist oder ihre freiwillige Weggabe, ob und wer es hätte verhindern können. Wichtig ist aus meiner Sicht, dass ich alles versucht und unternommen habe, um ein vollständigeres Bild von den Umständen zu erhalten, auch wenn es nie komplett sein wird, sein kann. That's life! Die Geschehnisse in der Vergangenheit bestimmen nicht den Wert meines Ichs, nicht den Wert für mich als Mensch(enkind). Die Fragen, warum meine leibliche Mutter später nicht den Versuch unternommen hat, mich zu finden, warum sie mir keinen Brief hinterlassen hat, in dem sie sich erklärt, wenn sie vielleicht aufgrund ihrer gesundheitlichen Verfassung eine Vorahnung hatte, dass ihr nicht mehr so viel Zeit bleibt. All das verliert mit der Zeit seine Relevanz. Ich werde HEUTE geliebt und wertgeschätzt! Mir wie bisher einzureden, es hätte alles keine Bedeutung für meine Entwicklung gehabt, ist genauso trügerisch und schlichtweg schwach, da es verhindert, mit Mut und innerer Stärke den eigenen Dämonen zu begegnen. Es geht nicht darum, mit Wut und Gram auf Vergangenes zu blicken und es damit am Leben zu erhalten. Es geht darum, ohne Groll in der Gegenwart anzukommen. Vielleicht ist es am Anfang auch erst mal nur wie eine Art Mantra, was ich ständig wiederholen muss, damit ich daran glauben kann und es irgendwann klick macht. Aber dann ist das eben so, der Mensch ist nun mal ein Gewohnheitstier. Ich habe zudem das Glück, die Antwort auf die mich viele Jahre lang quälende Frage „Hat mich meine Mama lieb gehabt?“ in Händen halten zu können – in Form eines Schwarz-Weiß-Kinder-Fotos von mir, auf das sie einen ‚I love you'-Sticker geklebt hat.

So viele Jahre, in denen ich dieses Foto oft betrachtet und dennoch nicht wirklich gesehen habe. Das dort so Offensichtliche auch tatsächlich wahr- und anzunehmen, nicht nur mit dem Sehnerv, sondern auch mit Herz und Seele, ist erst möglich gewesen mit, ja, mit was eigentlich? Einem gewissen Lebensalter und damit auch mit einem Anflug von Lebensweisheit, die mit Mitte 20 einfach noch nicht in mir gewohnt hat?

Nehmen wir ein Schneidermaßband von 100 Zentimetern Länge. Diese 100 Zentimeter stehen für 100 Lebensjahre. Laut Statistik werde ich keine 100 Jahre alt werden, mit etwas Glück und einer gesunden Lebensweise, um die ich mich durchaus bemühe, vielleicht 85. Weitestgehend körperlich und geistig fit bis dahin, hoffe ich. Wenn ich also auf das Maßband schaue, auf meine potenziellen 85 Lebensjahre, was salopp gesagt davon nach hinten raus noch übrig ist und wie diese Lebensspanne aussehen sollte, dann ist es doch beeindruckend simpel – die mir verbleibende Zeit, also ungefähr 40 Jahre, in Dankbarkeit und vor allem Bewusstheit zu leben! Bewusstheit darüber, wer ich bin und warum. Ich kann und darf Verständnis für die Lebensumstände meiner leiblichen Mutter haben, für ihre eigene Biografie, für das, was sie letztlich geprägt und geformt hat. Das heißt nicht, dass ich nicht dennoch verletzt und enttäuscht sein darf über ihre Entscheidung, mich weggegeben zu haben, dass bei allem Verständnis auch ein Rest an Unverständnis übrig bleibt, der mich manchmal wanken und zweifeln lässt, ob ich ihr das wirklich verzeihen kann.

„Bevor die Sonne untergeht, vergib." Hawaiianisches Sprichwort

Was hat mich nun zurück zu mir geführt, in die Gegenwart? Was sind hilfreiche Wegweiser, Begleiter und Impulse für mich gewesen, aus meiner ganz subjektiven Sicht:

– *Trommelwirbel* – ich habe für mich Musik und Poesie wiederentdeckt. So einfache und leicht zugängliche Helferlein, ohne großes Brimborium, und doch so beeindruckend wohltuend, in der richtigen Dosierung. Damit meine ich, dass zum Beispiel bei mir nicht einfach das Mainstream-Radio-Gedudel 24/7 im Hintergrund läuft. Sondern wirklich nach Stimmung die alten und neuen Lieblingstitel auszuwählen und zu hören, mitzusingen und auch mitzutanzen, wenn mir danach ist. Tanzen, um das Mimimi abzuschütteln und den

Gute-Laune-Bär aus seinem mitunter ganzjährig anmutenden Winterschlaf zu locken.

– Ganz und gar kostenlos ist es, Körper und Seele Ruhe zu schenken, wenn sie es einem signalisieren. Sicher geht das nicht zu jedem x-beliebigen Zeitpunkt, in beruflichen Meetings oder während des Autofahrens wäre dies sicher eher kontraproduktiv. Doch wenn das Tagwerk abgeschlossen ist oder gerade mal nichts Dringenderes oder Wichtigeres ansteht als das eigene Seelenheil, hat jeder die Wahl und die Freiheit, sich Ruhe zu gönnen. Das mag das vielgepriesene Power-Napping sein, sich also einem kurzen Energie-Nickerchen hinzugeben, oder aber auch im wachen Zustand in die Ruhe zu gehen und „[...]einfach nur dazusitzen und vor sich hin zu schauen." (Astrid Lindgren/Pippi Langstrumpf)

– Wenn man, so wie ich, sein Leben mit Vierbeinern teilt, schenkt das bewusste In-Verbindung-Gehen mit diesen fellbesetzten Lebewesen eine unglaubliche Herzenswärme. Dass sie Kontakt zu einem suchen, sich ohne Bestechung annähern, berühren lassen, wo sie doch sicherlich als ehemalige Straßenhunde auch die unschöne, mitunter brutale Seite der Spezies Mensch haben kennenlernen müssen, ist ein immenser Vertrauensbeweis für mein Selbst. Sie in ihrem Körbchen liegen zu sehen, tiefe Seufzer der Entspannung ausstoßend, ist nicht nur das beste und herzerwärmendste Reality-TV, was es geben kann, es ist auch ein Spiegel für mich, dafür, dass ich Ruhe und Sicherheit ausstrahlen sowie bedingungslose Liebe schenken kann.

– Psychotherapeutische Begleitung in Form der Gesprächstherapie war und ist für mich, wider Erwarten, ein unterstützendes Element in meinem Heilungsprozess. Habe ich früher viel beziehungsweise das Meiste mit mir selbst ausgemacht, ist zu reden mittlerweile sehr befreiend für mich. Es führt mich einerseits zu meinem bisher sicheren Hafen zurück, dem Kopf, denn da entsteht das, worüber ich spreche. Aber die Gedanken bleiben nicht mehr dort und werden nur von meinem inneren Zuhörer vernommen. Durch das Reden werden sie ausgesprochen, mitgeteilt. Aus einem Monolog entsteht ein Dialog. Neben meiner eigenen Sicht erhalte ich Feedback, Denkanstöße vom Gegenüber, sodass der Gedankensalat auch mal aufgegessen werden kann.

–Fachliteratur, Dokumentationen, Reportagen und teilweise auch wissenschaftliche Artikel sind für mich ein Mittel gewesen, mich mit zunächst reinen Fakten und Informationen auseinanderzusetzen, um darüber letztlich aber auch einen emotionalen Zugang zu den mich bewegenden Themen zu bekommen, und um diese reflektieren zu können. Viele Sachbücher in Bezug auf Selbstentwicklung und Traumabewältigung sind meist auch verknüpft mit den individuellen Erfahrungsberichten und somit auch persönlichen Lebensgeschichten der jeweiligen Autoren*innen. Diese Kombination finde ich für mich sehr spannend, da authentisch wirkend. Im Folgenden möchte ich gern ein paar dieser Werke erwähnen, die meiner Meinung nach sowohl fachlich fundiert als auch grundsätzlich lohnenswert zu lesen sind. Gegebenenfalls stoßen die jeweiligen kurzen Auszüge bei Ihnen auf Resonanz und Sie betrügen demnächst Ihr Handy mal mit einem dieser Bücher:

- **Eva-Maria Zurhorst: ida – Die Lösung liegt in dir**
  „Ida bedeutet: inside deep all. Das heißt: innen, tief, alles." Zurhorst, 2011, S. 24

„Ida ist alles, was Sie für ein erfüllendes Leben brauchen. Ida ist reines Potenzial, die pure, unendliche Fülle aller Möglichkeiten. Ida trägt alle Antworten in sich, nach denen Sie gesucht, und all die Liebe, nach der Sie sich gesehnt haben." Zurhorst, 2011, S. 24
„Im ida-Prozess gibt es keine geheimnisvolle oder geniale Methode. Hier geht es um Bewusstwerdung, und Heilung ist deren Nebenwirkung. Je mehr Sie sich Ihres wahren Seins bewusst werden, desto stärker strömt die unendliche Ordnung dieses neuen Bewusstseins in Ihr Leben und harmonisiert es." Zurhorst, 2011, S. 255

- **Stefanie Stahl: Das Kind in dir muss Heimat finden**
  „Wer keine innere Heimat hat, wird sie auch im außen nicht finden. […] Das innere Kind ist sozusagen die Summe unserer kindlichen Prägungen – guter wie schlechter, die wir durch unsere Eltern und andere wichtige Bezugspersonen erfahren haben. An die allermeisten dieser Erfahrungen erinnern wir uns nicht auf der bewussten Ebene. Sie sind jedoch im Unbewussten festgeschrieben." Stahl, 2015, S. 14

„Letztlich gilt das für alle Menschen: Erst wenn wir Bekanntschaft und Freundschaft mit unserem inneren Kind schließen, werden wir erfahren, welche tiefen Sehnsüchte und Verletzungen wir in uns tragen. Und wir können diesen verletzten Teil unserer Seele akzeptieren und bis zu einem gewissen Grad sogar heilen.“ Stahl, 2015, S. 17

❖ **Dami Charf: Auch alte Wunden können heilen**

„In den ersten Lebensjahren werden die wichtigsten Grundlagen für ein erfülltes Leben geschaffen. Die Erfahrung von Bindung, Zugehörigkeit und Kontakt ermöglicht es, dass wir uns so, wie wir sind, richtig fühlen. Menschen, die dies nicht erfahren haben, leiden als Erwachsene oft an Gefühlen, irgendwie falsch und >>nicht gut genug<< zu sein.“ Charf, 2018, Klappentext

„Die Möglichkeit, in Beziehung zu treten, ist eine der wichtigsten Fähigkeiten unseres Lebens. […] Die Fähigkeit, in Beziehung zu treten, betrifft nicht nur die Möglichkeit zwischenmenschlicher Beziehungen und Partnerschaften. Für ein erfülltes Leben müssen wir auch mit uns selbst in Beziehung treten und mit der Welt um uns herum." Charf, 2018, S. 62

- **Richard C. Schwartz: IFS Das System der inneren Familie**
  „Genau so wie unsere Körper wissen, wie Wunden des Körpers zu heilen sind, scheinen wir alle eine angeborene Fähigkeit zu besitzen, uns selbst emotional zu heilen. Die Schwierigkeit besteht darin, Zugang zu dieser Weisheit zu bekommen. IFS stellt klare und praktikable Möglichkeiten dazu zur Verfügung und hilft, mehr Selbst in Ihr Leben insgesamt zu bringen." Schwartz, 2008, S. 21
  „Es ist dieses Verständnis von unseren verstörenden Gedanken und Gefühlen – dass sie Manifestationen innerer Persönlichkeiten sind, die durch Ereignisse in unserem Leben in extreme Rollen gezwungen wurden –, das uns dahin führt, anders mit ihnen umzugehen." Schwartz, 2008, S. 18
  „Die Persönlichkeit eines Menschen wurde oft mit einer Zwiebel und ihren vielen Schalen verglichen, die etwas Bedeutsames im Inneren umhüllen. IFS betrachtet Ihre Persönlichkeit eher wie

> eine Knoblauchknolle mit vielen unterschiedlichen Zehen (jede Zehe enthält einige Beschützer und einen oder zwei verletzliche Teile), mit denen unabhängig voneinander gearbeitet werden muss." Schwartz, 2008, S. 140

Um vom reinen Lesen und, wenn es gut läuft, rationalen Verstehen dieser Bücher zurück zum Fühlen zu gelangen, zurück zu wirklicher Körperwahrnehmung, um das verlorengegangene Körpergespür neu zu entwickeln, bedarf es bei mir der Unterstützung von außen. Ich persönlich schaffe es nicht allein im stillen Kämmerlein, rein anhand von Übungsaufgaben oder Ähnlichem im Selbststudium. Ich finde darüber leider keinen Zugang zu mir, zumindest noch nicht beziehungsweise dauerhaft. Daher nehme ich, trotz besagter Menschenscheu, an realen Workshops teil, um die Theorie in der Praxis hautnah zu erleben, um mich Millimeter für Millimeter zurück in meinen Körper zu fühlen. Es hilft mir sehr, wenn ich die Fachtheorie zeitgleich visuell wahrnehmen kann, wenn zum Beispiel durch systemische Aufstellungsarbeit Beziehungsabhängigkeiten und damit verbundene Energieflüsse sichtbar werden. Dieses „Mitschwingen" habe ich in für mich sehr nachhaltiger

Weise im sogenannten Heilkreis bei Maike Maja Nowak erfahren dürfen.

– Dieses, mein eigenes Buch zu schreiben, hilft mir. Auch wenn es vom Umfang her vielleicht nur ein Büchlein wird und kein dicker Wälzer (ich habe ja aber auch die best ager-Jahre noch vor und nicht bereits hinter mir), es ist heilsam. Es trägt dazu bei, dem Gedankenchaos und teilweisen Informations-Wirrwarr eine Struktur und somit auch Klarheit zu verleihen. Vieles, was ich in den letzten Jahren recherchiert und erfahren habe, war zunächst nur auf Schmierzetteln verewigt, da meist Gedächtnisprotokolle von Treffen sowie Telefonaten. All das bekommt nun eine schönere Form und damit in meinen Augen auch Würdigung, ich wertschätze damit meinen Mut. Es hat mir auch dabei geholfen, mich an meinen Apothekerschrank zu erinnern, an den Inhalt der Schubladen. Ich habe während des Schreibprozesses Erinnerungsfetzen im Allgemeinen zurückgewonnen. An der einen oder anderen Stelle der Black-Box ist Licht eingedrungen.

So stellt das oben Erwähnte für mich eine Art „Medikamenten"-Cocktail dar, der für mich die richtige Mischung beinhaltet. Es ist quasi mein therapeutischer White Russian (mein alkoholisches Lieblings-Getränk, das ich mir einmal im Jahr gönne), auch wenn dieser vom Rezept her nur drei Zutaten hat:

– Die Basis ist der eher als neutrale Komponente wirkende Wodka, als Sinnbild für all das, was man zu seinem „Thema“ herausfinden, erfahren, lernen, wissen kann. Die neutrale Faktenfülle eben, die das Getränk trägt.

– Dem folgt der herbe Kaffeelikör, der pur fast ungenießbar ist, sodass man im ersten Moment gar nicht sicher ist, ob er gut oder schlecht schmeckt. Und prompt schießt, getragen von den Geschmacksknospen auf Zunge, am Gaumen und Rachen, die Frage in den Kopf: „Will ich das hier eigentlich, muss ich mir das jetzt wirklich antun?“ Aber es geht ja nicht darum, den Kaffeelikör pur zu trinken, er ist Bestandteil des großen Ganzen, das Grundgefühl zur Wodka-Schicht, der Geschmack der Fakten.

– Die Schicht Sahne ist der krönende Abschluss. Sie bringt eine gewisse Milde, gleichzusetzen mit der Unterstützung von außen, die es schafft, harte und zuweilen schmerzende Fakten auszugleichen. In Kombination mit den anderen Zutaten entfaltet sich somit ein Drink, der genießbar, der verdaubar ist.

Ob nun Cocktail-Bar oder doch lieber All-you-can-eat-Restaurant – IM ÜBERTRAGENEN SINNE – es ist an jedem selbst zu entscheiden, ob und wie man sich in Krisenzeiten Hilfe sucht und welches Rezept für einen persönlich am besten passt. Das Lebenshilfe-Angebot ist definitiv da! Es ist so reichlich, dass man sich nehmen kann, was einen anlacht, man kann hier und da probieren. Es ist völlig legitim, festzustellen, dass einem davon etwas nicht schmeckt, dass man es also nicht weiter oder noch einmal essen muss. Man kann auf Altbewährtes zurückgreifen oder Experimente wagen. Das Buffet ist angerichtet, greifen Sie beherzt zu!

Mein Lebenshaus

Als Fundament wird im Duden der „bis auf tragfähigen Untergrund hinabgeführte Unterbau eines Bauwerks“ beschrieben. Es hat die Aufgabe, das Gewicht, die Last des Bauwerkes gleichmäßig auf den Untergrund zu verteilen. Das Fundament ist somit die Basis für das, was darauf errichtet wird. Worauf genau steht nun mein Lebenshaus? Ist es ein Träger, gegossen aus DDR-Wochenkrippe und Adoption? Ist dies als stabil anzusehen oder muss nachgebessert werden? Oder ist vielmehr meine Identität, mein Selbst, das sichere Fundament, was mich trägt? Ich für mich denke, es ist beides. Zu Baubeginn sind die Baustoffe verwendet worden, die „verfügbar“ gewesen sind. Dies mag vielleicht nicht als erste Wahl gelten in Hinblick auf das Traumhaus, was gebaut werden und ein Leben lang halten soll. Aber es ist nun mal das, womit begonnen werden muss. Ab einem bestimmten Zeitpunkt hatte und habe ich noch immer die Wahl, wie die Hülle, die Mauern, aber auch die Inneneinrichtung meines Lebenshauses aussehen sollen. Es steht mir frei, zu sanieren, zu renovieren, zu modernisieren. Selbstverwirklichung also, zwar ohne KfW-Förderprogramm, dafür aber mit Offenheit und Liebe.

Mein Lebenshaus hat Zimmer für alle meine Anteile – Trauma, Beschützer, das Selbst. Bisher ist die eine oder andere Tür verziert gewesen mit Sprüchen wie „Bitte nicht stören!“ oder etwas drastischer formuliert „Sperrgebiet / Betreten auf eigene Gefahr!“. Es gibt auch eine Abstellkammer, bisher verschlossen, doppelt gesichert, mit all den unliebsamen Sachen, die ich nicht sehen, wahrnehmen wollte, die ich aber auch nicht wegschmeißen konnte. Geht ja auch gar nicht, sie sind ja ein Teil von mir! Es geht nicht darum, beispielsweise den Sack gefüllt mit unverarbeiteter Trauer, der seit Jahren in der Kammer vor sich hinmottet, zu entsorgen – es geht darum, ihn zu integrieren! Es geht darum, dass die Türen und damit die Zimmer offen stehen, nicht immer, aber immer öfters. Es geht darum, dass die Lebensfreude und damit das pulsierende Leben an sich zurückkehren, dass es zunehmend heller und friedlicher wird. Es soll weiterhin Rückzugsorte geben, für die Stille mit sich, keine Frage, aber auch diesen großen wuchtigen Holztisch, an dem die innere Familie zusammenkommt und sich in belebende Gespräche vertiefen kann. Es gibt weiterhin die unordentlichen, unaufgeräumten Zimmer, und die mit klarem, puristischem Stil. In der Diele steht der mir so vertraute Apothekerschrank, der mehr gewesen ist als nur ein Ablageort für die diversen Schachteln des Verdrängens. Er hat geduldig Ankerpunkte meines Seins aufbewahrt, und wird es auch weiterhin, solange es eben braucht, bis ich ganz in meinem Ich angekommen bin. Das Schloss an der Abstellkammer ist entfernt, es ist nicht mehr die furchteinflößende dunkle Ecke unterhalb der Treppe. Ich öffne sie noch zögerlich, das gebe ich zu, aber es ist keine Verbotszone oder ein Ort ohne Wiederkehr. Es ist schließlich MEIN Haus, ich bin lebenslange Bauherrin in Eigenleistung. Ich kann Standort, Form und Materialien wählen, der Fantasie freien Lauf lassen, meine Wohlfühloase in mir selbst schaffen, und „alle Fenster gehen nach Süden mit Blick aufs glitzernde Meer“. Grönemeyer (1993) ‚Morgenrot‘

Schicksalsfeder

Mein 41. Geburtstag ist für mich ein emotional sehr belastendes Ereignis gewesen. Nicht, weil es auf einer ungeraden Zahl gründet, sondern weil es mir vor Augen geführt hat, dass dies das Lebensjahr gewesen ist, welches meine leibliche Mutter nicht mehr vollendet hat. Kein schrecklicher Unfall hat sie aus dem Leben gerissen oder eine schwere, unheilbare Krankheit. Es macht für mich den Anschein, dass sie im Inneren auf Raten gestorben ist, bis irgendwann ihr Herz seinen Schlag komplett verweigert hat. Ich frage mich oft, was ihren Lebenswillen hat schwinden lassen, und ob es überhaupt so gewesen ist oder ich mir das nur einrede als Erklärung für ihren frühen Tod. Hätte es am Rad der Zeit und am Lauf der Dinge etwas geändert, wenn wir uns noch einmal begegnet wären? Hätte es der Anfang von etwas Gutem sein können? Keine Mutter-Tochter-Beziehung reloaded, stattdessen ein neues zartes Band aus Annäherung und freundschaftlichem Miteinander? Ich habe manchmal das Gefühl, in mir auch ein Stück ihrer Einsamkeit zu tragen, ihre Traurigkeit spüren zu können. In solchen Momenten verkrampft sich mein Unterleib, ich merke, wie Tränen kurz davor sind, zu Salzperlen zu werden, und ich schmecke ein Gefühl von Benommenheit, etwas Schales, auf meiner Zunge. Das klingt absurd, aber so ist es. Ich hätte vermutlich nicht ihr Retter sein können, das wäre und ist auch gar nicht meine Lebensaufgabe, womöglich aber ein gewisser Halt für sie, etwas Positives, etwas Einladendes und damit Lebens-Bejahendes. Die Tür zu meinem Herzen hätte offen gestanden, definitiv! Glaube ich aber allen Ernstes, ich hätte in der Lage sein beziehungsweise dazu beitragen können, dass ihr vorgezeichneter Lebensweg unerwartet einen neuen Abzweig nimmt? Was wäre, wenn ich sie noch einmal hätte treffen können und sie kurz darauf dennoch verstorben wäre, weil die Schicksalsfeder keine Planänderung vorgesehen hat? Was wäre, wenn ich sie getroffen und das Wiedersehen aufgezeigt hätte, dass wir uns überhaupt nicht verstehen, es keine Verbundenheit zwischen uns gibt oder geben wird, dass die Chemie einfach nicht stimmt? Hätte ich das ertragen können?

„Doch meine Mutter hatte mich verloren und ich sie, und unser Leben war wie eine Muschel am Strand, in der das Meer noch nachhallt.“ Winterson (2017) ‚Warum glücklich statt einfach nur normal‘, S. 243

NACHWORT

Alles, was ich für mich erkannt habe, ist sicher schon tausendfach geschrieben, subjektiv erzählt, wissenschaftlich erforscht, untersucht und publiziert worden. Es wird in meinen Zeilen kein Rad neu erfunden, nichts zum ersten Mal in die Welt getragen. Ab und an noch in der Selbstmitleids-Badewanne unterzutauchen, ist in Ordnung, finde ich. Mich jedoch nicht ständig abzulenken oder zu betäuben mit allem, was unsere Gesellschaft und der Konsum möglich und zugänglich machen, ist meiner Ansicht nach der Schlüssel. Ich kann nicht ungeschehen machen, wie mein Start ins Leben verlaufen ist, kann und will nichts ausradieren an meiner Biografie. Mein Lebensbaum trägt nun mal diesen EINEN Ast, der mitunter kahl, grau, irgendwie abgestorben erscheint. Vielleicht wird an ihm kein frisch-grünes Blatt mehr austreiben, aber er ist ein Teil von mir. Ich bin heute im Hier und Jetzt nicht mehr überwältigt von dem, was mir als Kind widerfahren ist. Ich kann aus dem WARUM-Zug aussteigen, denn es gibt keine Schuldfrage zu klären. Stattdessen kann und möchte ich mit dem WIE & WAS-Zug weiterfahren … wie kann ich mir jetzt, genau in diesem Moment helfen, was mir Gutes tun? Kein Darüber-Hinweggehen, kein Aushalten oder Wegdrücken, sondern in mich hineinzuhorchen, mich wahrzunehmen, mit allen Stimmungsschwankungen oder auch der nicht vorhandenen Stimmung in Momenten scheinbarer Gefühlsabwesenheit, wenn Leere herrscht, wo an sich so viel sein kann und sicherlich auch ist. Ich möchte und werde nicht zu einem Fräulein Grinsebacke mutieren, mit einem permanenten und obendrein falschen Dauerlächeln, denn ich habe weder die Weisheit noch Erleuchtung löffelweise in mich hineingeschaufelt. Meinen Mundwinkeln jedoch Anlass zu geben, sich wieder öfter nach oben zu bewegen, weicher zu werden, in meinen Gesichtszügen, in und mit meinem Körper, darauf freue ich mich.

Ja, in meiner Brust sitzt seit vielen Monden ein Krake, hält das schwarze Loch darin zentriert. Seine acht Arme pressen schon so lange auf meinen Brustkorb, ziehen meine Schultern nach vorn, der Oberkörper dadurch leicht nach vorn gebeugt, mich kleiner machend als ich bin, meine Atmung ist flach. Mein Schulter-Nackenbereich ist eine einzige und ständige Verspannung. Und obwohl er zur Gattung der Weichtiere zählt, fühlt sich dieser Krake an wie Beton, eine dunkle, unbewegliche Masse, die alle Energie aufsaugt. Es ist in Ordnung, dass er da ist. Zu wissen, dass er existiert, dass ich ihn jetzt fühlen, benennen, dass ich ihm eine Form und Gestalt geben kann, das ist es, was das Reisegepäck leichter erscheinen lässt. Ich kann ihm jetzt ohne Furcht begegnen.

Ich selbst muss die Wärmflasche auf meinem Bauch sein, die Kuscheldecke, die mich einhüllt an kalten Tagen. Der Schildkrötenpanzer hat die letzten 40 Jahre echt seinen Sinn und Zweck gehabt, als Verteidigungslinie nach außen, ist mitgewachsen und hat seinen Dienst mehr als erfüllt. Nun aber ist es Zeit, ihn abzustreifen, zumindest damit zu beginnen und die innere Entscheidung zu treffen, es ab und an zu wagen, den Kopf herauszustrecken, auch wenn damit mittlerweile ein faltiger Hals zum Vorschein kommt. Nun gut, Loop-Schals sollen schließlich auch ihre Daseinsberechtigung haben, das Kaschieren der Altersringe am Hals ist der Zweck ihrer Existenz. Aber jetzt nicht abschweifen, sondern wieder zurück zum Ernst des Lebens beziehungsweise zum beabsichtigten Kern meiner Aussage. Hilfe von außen ist, in meinen Augen, ein notwendiger und wertvoller Begleiter, um sich nicht in sich selbst und der Vergangenheit zu verlieren. Und auch ein wahrer Glücksfall, wenn sich das

Gefühl einstellt, dass diese Personen es ehrlich mit einem meinen. Das Wichtigste dabei ist und bleibt aber die innere Zustimmung zu jedem Schritt, meine Zustimmung, wenngleich es phasenweise eher zurück als nach vorn gehen mag, quasi einer Schnecke im Rückwärtsgang ähnelnd, um an dieser Stelle meine Frau zu zitieren. Aber ja, die beiden breitschultrigen Türsteher namens Misstrauen und Vorsicht verlieren halt nur ungern ihren Job. Einen Job, den sie über vier Jahrzehnte tadellos gemeistert haben. Es wird auch in Zukunft Tage geben, an denen ich denke, keinen Millimeter vorangekommen zu sein. Doof-Tage eben, an denen ich mich klein, ungeliebt, allein und missverstanden fühle. Doch auf dem Weg zurück zu mir habe ich schon viele kleine Etappen zurückgelegt, darauf kann ich stolz sein, ich kann auf mich stolz sein, auf alle meine Anteile. Ich brauche noch ein Stück, aber hey, kein Grund zur Panik.

„Es hat eine Weile gedauert, bis ich es verstehen konnte, das alles ist es, was ich bin. Ich bin meine Mutter, mein Vater, mein Bruder und meine Großeltern [...] Ich bin ihr Lachen und ihr Schmerz [...] Ich bin die Richtung, in die mich meine Mutter im Kinderwagen geschoben hat. Ich bin die gescheckte Kuh auf

der Weide, das gelbe Korn auf dem Feld und der rote Mohn am Wegesrand. Ich bin der wolkenlose Himmel, ich bin wach."
Link, Florin, Hofmann & Werninger (2018) ‚Der Junge muss an die frische Luft'

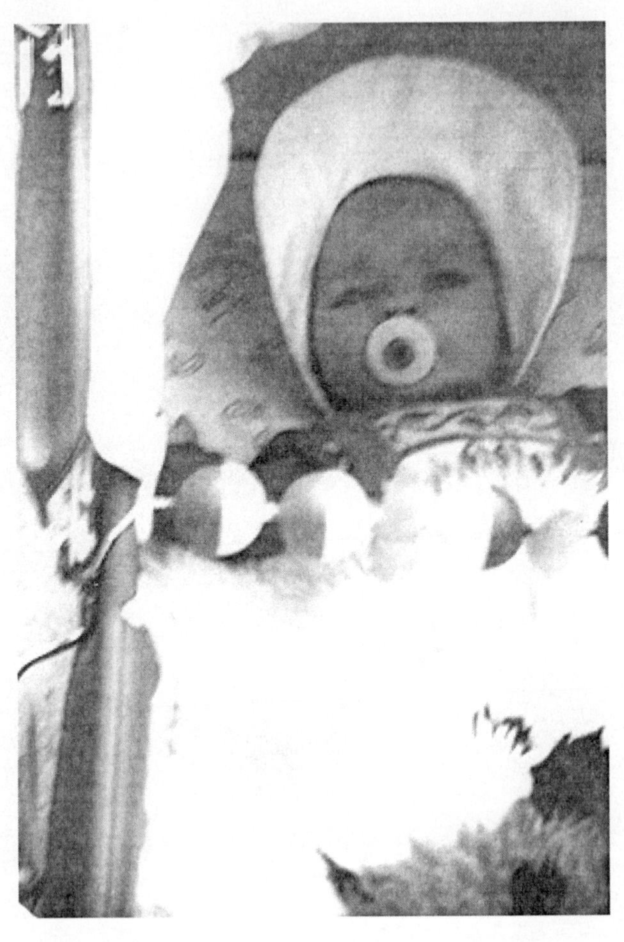

Es stellt sich sicherlich an ganz vielen Knotenpunkten im Leben die Frage, wie viel Zeit gebe ich noch meinem ‚Irgendwann' - ? Und ich möchte Sie gern fragen, wie lang ist das Stück Ihres persönlichen Schneidermaßbandes, das der Zukunft entgegenflattert und noch ungenutzt ist? Wenn der Inhalt dieses Buches dazu beiträgt, dass es bei Ihnen, liebe Lesende, zu dem ein oder anderen Mutausbruch kommt, eine kleine Impulsflamme entzündet wird, damit Sie sich an Ihren persönlichen Apothekerschrank erinnern oder an Ihre persönliche Abstellkammer heranwagen, Jackpot! Verlassen wir uns doch einfach auf unser Herz, es hat schon geschlagen, lange bevor wir fähig waren zu denken! Wir sind für uns selbst Himmel und Hölle zugleich, Engelchen und Teufelchen im immerwährenden Rosenkrieg, der auf unseren Schultern geführt wird. Hören wir auf unsere inneren Stimmen und Anteile, vertrauen wir uns selbst, wiederbeleben wir unsere Neugier auf alles, was kommen soll, denn „das Leben ist kurz, zu kurz für ein langes Gesicht."
Bosse (2018) ‚Alles ist jetzt'

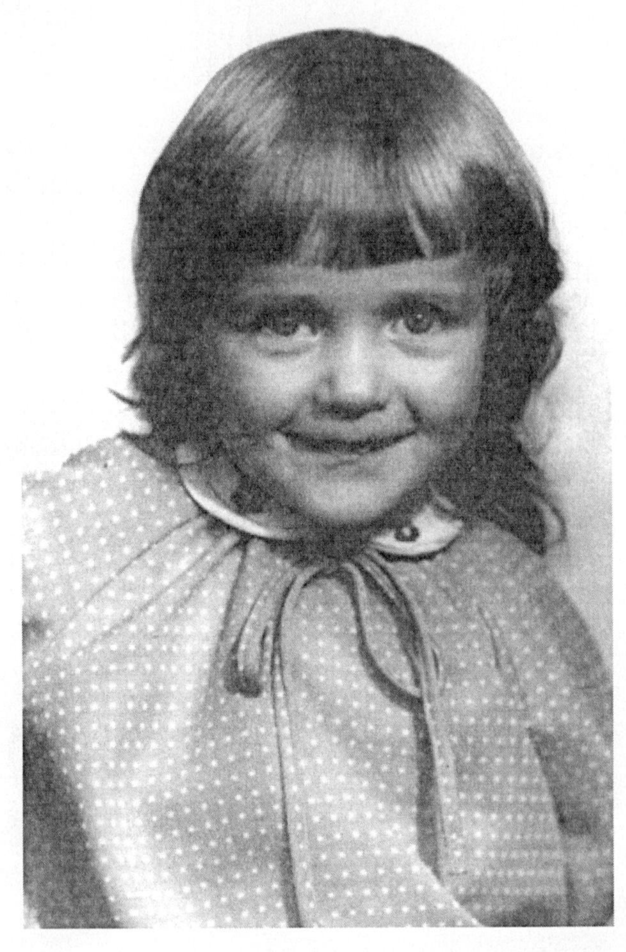

„Wer glaubt, etwas zu sein, hat aufgehört, etwas zu werden.“

SOKRATES

ACHTSAMKEIT

SELBSTFÜRSORGE

Ich
bin
in
Ordnung
so!

SELBSTLIEBE

SELBSTVERTRAUEN

DANKSAGUNG

Ein herzliches Dankeschön an Sie, liebe Lesende, dass Sie dieses Buch als lesenswert erachtet haben.

Ich danke meinem Lieblingsmenschen, meiner Frau Jacqueline, für ihren Enthusiasmus und ihre Motivation sowie den Freiraum, den sie mir gibt, nicht nur für dieses Buch-Projekt!

Ich danke meinen beiden Familien, Freunden, Weggefährten, Therapeutinnen sowie allen impulsgebenden Menschen, die mir begegnet sind und dabei geholfen haben, meiner Black-Box ein paar Lichtblitze zu verpassen.

Dem Verlag DeBehr danke ich für das aufrichtige Interesse an meinem Werk sowie die professionelle Umsetzung. Ein Projekt, ganz unkompliziert zum erfolgreichen Abschluss gebracht, darauf ein Stößchen, Prost!

Zu guter Letzt möchte ich nicht versäumen, mir zu danken, dafür, dass ich mich auf den Weg gemacht habe zu mir selbst, was auch immer dieses Selbst ist. Ich bin gespannt auf alle Schritte, die ich noch nicht gegangen bin.

Impulsgeber / Kontakte

ADOPTION

www.adoption-unser-weg.de

www.adoptionsforschung.de

https://www.lindadorday.de

https://www.issberner-coaching.de

ErwachseneAdoptierteLeipzig@t-online.de

DDR WOCHENKRIPPE

http://wochenkinder.de

TRAUMA / KÖRPERORIENTIERTE PSYCHOTHERAPIE / LEBENSHILFE

https://www.maike-maja-nowak.de

https://traumaheilung.de

https://www.praxis-lebensrad.de

Songs zum Nachhören und Songtexte zum Nachlesen

Bosse / Alles ist jetzt

Gisbert zu Knyphausen / Das Licht dieser Welt

Herbert Grönemeyer / Mensch

Herbert Grönemeyer / Sekundenglück

Joris / Schneckenhaus

Lina Maly / Schön genug

Lina Maly / Unterwegs

Marcel Brell / Steine

Mark Foster / Übermorgen

Stereoact feat. Jakob Wiss / Rand der Welt

Wilhelmine / Solange Du Dich bewegst

Literaturverzeichnis

Bücher:

Charf, D. (2018). Auch alte Wunden können heilen. München, Kösel-Verlag, in der Penguin Random House Verlagsgruppe GmbH

Chödrön, P. (2012). Den Sprung wagen. München, Wilhelm Goldmann Verlag

Novalis (1929). Fragmente. Erste, vollständig geordnete Ausgabe. Herausgeber: Ernst Kamnitzer. Dresden, Wolfgang Jess Verlag

Rilke, R. M. (2019). Briefe an einen jungen Dichter. Göttingen, LIWI Literatur- und Wissenschaftsverlag

Schwartz, R. C. (2008). IFS Das System der inneren Familie. Norderstedt, Books on Demand GmbH

Soll, J. (2014). Heilungsprozess für Adoptierte … ein Weg zur Verarbeitung. Köln, printed in Great Britain by Amazon / Herausgeber Cornelia Nietzschmann

Stahl, S. (2015). Das Kind in dir muss Heimat finden. München, Kailash Verlag, in der Penguin Random House Verlagsgruppe GmbH

Strelecky, J. (2007). Das Café am Rande der Welt. München, dtv Verlagsgesellschaft mbH & Co. KG

Winterson, J. (2017). Warum glücklich statt einfach nur normal?. Frankfurt am Main, Fischer

Zurhorst, E.-M., (2011). ida – Die Lösung liegt in dir. München, Arkana

Zitate:

John Bowlby, Hermann Hesse Astrid Lindgren, Rainer Maria Rilke, Sokrates, Klaus Wowereit, Hawaiianisches Sprichwort

Film:

Florin, H., Hofmann, N., Werninger, S. & Link, C.(2018). Der Junge muss an die frische Luft. Deutschland, UFA Fiction GmbH

Rosemont, N. & Gold, J. (1980). Der kleine Lord. Großbritannien, BBC / Shepperton Studios

Lieder:

Bosse, A. (2018. Alles ist jetzt / Album Sunnyside

Grönemeyer, H. (1993) Morgenrot / Album Chaos

Fotos:

Privataufnahmen der Autorin

Über die Autorin

Sandy Graf, Jahrgang 1978, verheiratet, lebt mit ihrer zwei- und vierbeinigen Familie in Leipzig und arbeitet als Wirtschaftsfachwirtin seit über 10 Jahren im Energiesektor.

Ballsport jeglicher Art begeistert sie, insbesondere, wenn das Runde in das Eckige muss.

Sie ist ehrenamtlich tätig in der Selbsthilfe zum Thema Adoption.